DESDE LAS DOS ORILLAS
(TEATRO)

Marcos Miranda

DESDE LAS DOS ORILLAS
(TEATRO)

© **Marcos Miranda, 2008**
Colección *Rumbos Terencianos*
Todos los derechos reservados. All rights reserved.

Prohibida la reproducción total o parcial de estas obras, sin la previa autorización del autor o de la editorial, por cualquier medio o procedimiento, incluidos la reprografía y el tratamiento informático, de acuerdo con las sanciones establecidas por las leyes.

Primera edición: octubre de 2008

Publicado por:
Ediciones Baquiana
P. O. Box 521108
Miami, Florida. 33152-1108
Estados Unidos de América

Correo electrónico: **info@baquiana.com**
Dirección virtual: **http:// www.baquiana.com**

ISBN: **978-0-9788448-7-5**

Edición a cargo de: Patricio E. Palacios.

© **Florangel Fundora, 2008.**
Ilustraciones de portada y páginas interiores.
Todos los derechos reservados. All rights reserved.
© **Acela Torres, 2008. Foto de contraportada.**
Todos los derechos reservados. All rights reserved.
© **Carlos Quevedo, 2008. Diseño gráfico de portada.**
Todos los derechos reservados. All rights reserved.

Impreso en los Estados Unidos de América
Printed in the United States of America

A Norma Miranda, mi esposa, quien ha sido el alma de esta publicación.

A Elinet Medina, mi cuñada, quien ha trabajado con infinito esmero en la revisión de estos textos.

ÍNDICE

PRÓLOGO

AVENTURA Y VERDAD EN EL TEATRO DE MARCOS MIRANDA
por Ángel Cuadra / 9

OBRAS TEATRALES:

LINA / 19

AMPARO Y CLEMENTINA / 105

EL REGRESO DE LA CONDESA / 187

AVENTURA Y VERDAD EN EL TEATRO DE MARCOS MIRANDA

(PRÓLOGO)

La literatura cubana posterior a 1959, igual que la sociedad y el pueblo cubano, está escindida. Un corte abismal ha separado su historia, y desde aquella fecha, como punto de partida, dos modos de vida se han ido desarrollando, y dos expresiones culturales se presentan con características temáticas y estéticas determinadas.

Estos son procesos que pueden observarse en tales circunstancias a lo largo de la historia, sobre lo cual José Martí señaló que "Cada estado social trae su expresión a la literatura, de tal modo, que por las diversas fases de ella, pudiera contarse la historia de los pueblos, con más verdad que por sus cronicones y sus décadas".

Vistos desde esta perspectiva, escritores y artistas hay, que en este largo proceso de la nación y del exilio, se han iniciado en esta orilla; tienen, pues, de la otra orilla la referencia indirecta familiar y el testimonio ajeno. Otros, cuya actividad literaria comenzó en la Isla, una vez en el destierro han continuado su actividad creadora, y tienen por eso la doble vivencia de ambos campos de acción. El camino que recién dejaron atrás sigue ofreciéndoles material de interés o de inevitable recurrencia. Pero ahora la perspectiva del objeto cambia, como todo lo que se contempla desde la distancia que, en mucho, suele enriquecer su análisis y valoración de la situación del país. Obras suyas fueron escritas dentro de Cuba y sus circunstancias; obras suyas han surgido en el exilio, desde donde la simple nostalgia, el recuento ahora descarnado de hechos allá vividos u observados, la revisión de la historia, incluso la historia que pudo ser, se asoman con puntos de vista distintos en sus creaciones artísticas.

Marcos Miranda está en esta última clasificación, y algo de su obra está movida por las circunstancias antes expuestas. En Cuba fue actor, dramaturgo, guionista y director de teatro, radio y televisión. En Madrid, España, crea la compañía teatral "Jóvenes Actores Españoles". Y en Miami fundó "Teatro del Sol", en 1989 y dirigió varias obras. Ha escrito una decena de piezas teatrales, entre las que se encuentran "Lina" (Premio Carlos Felipe, del Concurso Internacional de Literatura ACCA, en 1992), y "Amparo y Clementina", (II Accésit del Premio Internacional de Teatro Alberto Gutiérrez de la Solana del Círculo de Cultura Panamericano, 2002). Es miembro del Instituto Cultural René Ariza/ICRA, cuyo objetivo

fundamental es promover el arte y el teatro cubano escrito fuera de la Isla.
   En esta publicación de Ediciones Baquiana, figuran tres de las obras de este autor: "Amparo y Clementina", "Lina" (esplendor y decadencia de una estrella) y "El regreso de la Condesa".
   En general, las características específicas que podemos señalar de inicio en el teatro de Miranda en las piezas aquí presentadas son: obras que se mantienen dentro de los límites del teatro realista; que se destacan por la agilidad de sus diálogos y los bien definidos rasgos psicológicos de sus personajes. A esto podemos agregar, con moderado uso, la tangencial presencia de algún que otro elemento simbólico y, en menor medida, lo sugerente que, en algún momento, deja como tarea de apreciación a la sutileza o percepción subjetiva del lector o espectador.
   "Amparo y Clementina" es un diálogo de los dos únicos personajes de la pieza que consiste básicamente en un rejuego teatral; mecanismo que tiene antecedentes exitosos en el teatro cubano contemporáneo, por el cual las protagonistas de esta obra se presentan adoptando alternativas de personajes, esto es, se aprestan a asumir situaciones previamente acordadas, en las que cada cual se asigna un papel a desarrollar en determinados momentos, en una especie de teatro dentro del teatro, por cuanto son ficciones que, en repetidos juego, se asignan sus propios ejecutores.
   El elemento simbólico, más bien sugerente, que se deja a la subjetiva captación del espectador es aquí el escaparate, mueble que se supone debe estar en el foro del escenario, del cual salen y entran las dos mujeres.
   Los diálogos son descarnados y atrevidos, y a través de los mismos el autor presenta la historia de estas dos mujeres enlazadas en el tiempo por una relación amorosa y una larga convivencia como pareja. Amparo es cubana; se marchó del país en el conocido éxodo del Mariel. Clementina es mexicana, avecindada en Cuba, y siguió en su forzado exilio a Amparo. Ambas comparten la vieja historia de las relaciones de familia desde niñas. Compañeras de situaciones embarazosas, de amores con otros seres, en especial Amparo con un hombre que pudo ser una unión normal que recuerda, pero en las frustraciones del camino andado, sólo se han tenido la una a la otra. —Tú eres mi mejor amiga le dice Clementina. —Por supuesto— afirma Amparo.
   Esa relación está en el momento de romperse y, por instantes, comentan lo positivo y lo negativo —hasta un punto de agobio— de esa relación homosexual: los reproches recíprocos y las recíprocas afirmaciones. Entre los juegos que se suceden, en sus intermedios de la realidad, están preparando la final y convenida separación: —Ya es hora de terminar— dice Amparo. —Por mí todo está terminado— argumenta Clementina.

Ambas ya han hecho las maletas para la despedida. Amparo espera que venga a visitarla después Augusto, con quien tuvo una relación años atrás. Clementina se va a través del armario. Amparo espera al hombre, para cuyo recibimiento se arregla y perfuma. El visitante se anuncia tocando a la puerta. Llega el esperado Augusto; con tal nombre Amparo le da la bienvenida... y entra Clementina vestida de hombre y con bigote. Fin de la obra.

He ahí un ejemplo del aspecto de lo sugerente que el autor deja a la captación subjetiva del espectador, como anotamos al comienzo de esta introducción. Y he ahí el convite a darle vuelos a la imaginación. ¿Es acaso todo ese juego fruto de la imaginación? ¿El rejuego es una forma de evasión de problemas más serios? ¿Será una forma de reflejar simbólicamente lo que los seres humanos hacemos para quitar el rostro a los problemas que queremos eludir buscándole una salida o alivio canalizador? Finalmente, esa irrupción de Clementina con fachada masculina ¿será que Amparo sueña con un hombre, pero con el modo de ser de Clementina?... Queden, pues, las respuestas pendientes para el espectador después que se cierre el telón final.

"Lina" (esplendor y decadencia de una estrella) es una obra de estructura bien lograda. En una primera parte, la presentación del asunto de la figura de una actriz que ha alcanzado un escalón alto en la televisión y el teatro de la Cuba inmediatamente anterior a la instauración del gobierno revolucionario.

Lina es un personaje factiblemente identificable de aquellos años de ascenso de la industria de los medios masivos de comunicación en el país. Su director teatral y agente, Ricardo, es a la vez su esposo, en una relación matrimonial que, para éste, es parte de su desenvolvimiento profesional. Personaje vigorosamente delineado, presenta la multifacética cualidad de la autoestima exagerada, vanidoso, capaz de utilizar a cualquiera en función de sus objetivos profesionales, incluida a su esposa a la que toma de hecho como un objeto de su exclusiva creación.

Sinuoso en su vida íntima, lleva relaciones homosexuales con Romy, cuya función de secretario le sirve como cobertura ante la vista de los demás. Romy personaje que, en el fondo, tiene mucha mejor calidad humana que su director y jefe, que lo utiliza también para sus objetivos y caprichos.

El otro personaje vigoroso es Adela, la madre de Lina; madre un tanto sobre protectora que, con fines más nobles e idolatría materna, tiene por objetivo de su vida a Lina con el orgullo filial de una hija idealizada, o promovida, por su satisfacción de madre, a un pedestal de idealidad.

Entre estos bien trazados personajes como fuerzas de polos opuestos, Lina aparece en el medio con las características de la actriz que vive en función de su arte, como dentro de una burbuja que le propicia un mundo ideal que tiene en sí mismo su especial recompensa.

Lina, en el pináculo de su fama nacional, está a punto de dar el salto al estrellato más trascendental hacia lo internacional: el cine, cuando un productor poderoso del cine mexicano se interesa en ella y le ofrece un contrato para probar suerte en el séptimo arte en México.

El desentendimiento del magnate mexicano del esposo de Lina, la que tendría que ir sin aquel a la negociación y a la aventura, la sitúa en un plano de afirmación personal y, por tanto, de valer por sí misma, lo cual enfurece a Ricardo, que se convierte iracundo en su feroz enemigo.

Así las cosas, el nudo dramático -segunda parte de la estructura de la obra- se va a desarrollar en un momento histórico de convulsión nacional: el triunfo de la revolución. Y con el cambio de la vida nacional, cambian también las posibilidades de Lina: actriz antes privilegiada; ahora una pieza más del aparato político, cultural y laboral.

Lina no podrá ir a intentar su sueño dorado como actriz, ya que el gobierno no le da el permiso oficial para viajar hacia México. Al perder esa oportunidad su carrera se reduce al marco limitado local, controlado por el Estado, ante cuyos funcionarios, está en sospecha, debido a su intento de salir del país, por lo que ahora es motivo de desconfianza revolucionaria

La obra presenta entonces el cuadro tétrico de la burocracia del gobierno castrocomunista, con un sin número de organismos, y la impunidad de los funcionarios y jefes de departamentos constituidos con una nueva orientación política.

Ricardo como director tiene bajo su dominio laboral a Lina, situación propicia que le permite ensañarse con ella que no tiene otro remedio que la resignación.

Así pasan algunos años. Lina entra en amores con un joven actor con el que coincide en su quehacer teatral. Se casan pero la relación matrimonial dura poco tiempo y deviene el divorcio, que coincide con el descenso artístico y personal de actriz cuya buena estrella se va apagando, así como su vida misma, período que constituye el tercer y último momento de la obra, que culmina trágicamente con la muerte de Ricardo a manos de Romy, su antiguo secretario y amante oculto. Al tiempo que Lina, artística y espiritualmente frustrada, dentro de un medio social y político asfixiante, aparece enajenada, con el delirio y locura que le hacen andar como en un embrujo sonambúlico, repitiendo parlamentos y frases de personajes de obras famosas que ella, Lina, la diva del teatro en un momento, protagonizó o soñó protagonizar, y que ahora deambulan con ella por las calles ajenas de la gran ciudad.

Es así, que "Lina" (esplendor y decadencia de una estrella), sin ubicarse en el teatro político, sino en el campo más amplio de lo intemporal y espacial, contiene, además y circunstancialmente, un testimonio de crítica a una situación sociopolítica y cultural del sistema castrocomunista instalado en Cuba, sistema que limita y condiciona la legítima aspiración individual independiente, y hace de la persona un objeto al arbitrio de un todopoderoso poder central.

La tercera obra de Marcos Miranda aquí presentada es la comedia en dos actos "El regreso de la Condesa".

La obra se escenifica en dos escenarios y dos tiempos del devenir cubano, y así se van desarrollando, como polaridades, personajes y situaciones.

La Condesa, cuyo nombre es María Eugenia Campofino, aparece al abrirse el telón en su casa lujosa de Miami, en diálogo con Fermina. A ambas las presenta el autor como contraste esteriotipado de dos extremos de la sociedad cubana antes de la fecha de instauración de la revolución en el poder. Forzada y arquetípica visión de una dualidad social: aristocracia y plebe; más como un objetivo a los fines teatrales que como una fiel realidad del pasado inmediato cubano. Fermina es mulata; la Condesa es blanca, miembro de la clase socioeconómica alta. Extremos que el autor exagera, acaso precisamente para mejor resaltar una contradicción o versión polarizada, más propicia para agregar el ingrediente de comicidad que suaviza lo dramático del problema cubano.

Fermina es la criada, o sea, la que solía llamarse "doméstica" y ha seguido a la familia de la Condesa hacia el exilio. Era el caso de aquel tipo de sirvienta ligada por tantos años de servidumbre a una familia, que llegaba a ser tenida como un miembro más de esa familia, importante hasta en el cuidado y educación de los niños y sus procesos de adolescencia y juventud. De ahí el desenfado con el que Fermina se trata con su patrona, y el cariño familiar de Fermina con Arturo, nieto de la Condesa.

El autor recurre aquí otra vez al rejuego de los personajes alternándose unos en otros o haciendo el papel de otros miembros de la familia. Pero de este recurso se sirve ahora como de una táctica teatral distinta, que es la de actualizar teatralmente el pasado familiar, rehaciéndose por episodios en el juego escénico que permite por esa vía traer al presente el cuento del ayer familiar, necesario al recuento que justifica y armoniza la conclusión final de la obra.

Arturo es la nueva generación cubana criada en los Estados Unidos, venido a este país a temprana edad, donde se ha hecho ingeniero. Tiene, por tanto, de su patria natal la referencia familiar que le ha legado el amor por aquel país idealizado en la distancia. Es el presente, ligado al ayer nacional por su abuela, la Condesa, y por Fermina.

El autor Marcos Miranda se anticipa a la historia. Es el momento del final del régimen totalitario impuesto en Cuba por largo tiempo. El mundo y el exilio están pendientes de esta hora final; y desfilan las voces y los nombres de personalidades significativas del exilio cubano. Con las maletas de la familia preparadas para el viaje de regreso a la Isla, la obra entra en la visión onírica de la historia que puede ser.

El segundo y último acto se desarrolla en La Habana, donde se viven los momentos trascendentes de la transición política. Y he aquí el encuentro de la realidad pensada, retenida en la memoria, de la Cuba pasada, y la realidad objetiva y lastimosa de la Cuba presente.

La Condesa y su nieto Arturo van al encuentro de la casa familiar, la mansión lujosa intacta sólo en el sueño y la distancia, y se encuentran con la casa ruinosa, convertida en casa de vecindad o solar, donde se apiñan varias familias en maltrechas habitaciones, incluso con adicionales entresuelos, que allá llaman barbacoas, para aumentar la capacidad habitacional del edificio. He aquí también otra vez el choque de contrastes que repite en varias formas esta obra.

El encuentro del ayer y el hoy se presenta más chocante aún en las personas: los que vienen desde el exilio, y los que están en el país y en él se han quedado, condicionados por un régimen de opresor paternalismo.

Dos generaciones se encuentran. El joven Arturo que salió de Cuba cuando era un niño pequeño, ahora ingeniero con una vida desahogada en Estados Unidos, y la joven Vilcema que habita en la pobreza de una barbacoa en la que fue mansión familiar de la abuela de Arturo, y que se hizo médico bajo el gobierno comunista, sin más aspiración aún como profesional que la pobre modestia en que vive y la satisfacción profesional en su ejercicio.

En ambos jóvenes el autor individualiza las virtudes de lo mejor del ser humano en cualquier lugar y tiempo. Ambos estaban recíprocamente equivocados en la idea que tenía el uno de la otra. —Me dio gracia oírte decir ¡Gracias a Dios! —le dice Arturo. —Debe ser que nosotros aquí hemos intentado acercarnos más a Dios, por todo lo que pasamos —argumenta Vilcema. —Seguramente lo que pasa es que nunca creí que los jóvenes nacidos y criados en el comunismo pudieran sentir y pensar de esa forma —dice Arturo. —Tenemos que empezar a conocernos —responde Vilcema. —Yo tampoco pensé que los niños que salieron de aquí hace tantos años hablaran el español tan bien, ni sintieran lo que tú por Cuba.

Reincidiendo en los contrastes de actitudes polares y razones válidas que se contraponen y chocan en un encuentro de verdades en conflicto, el argumento de la Condesa sobre la legítima propiedad familiar de la casa a la que regresa, y el argumento también contundente de Vilcema al respecto, son de una intensa valoración dramática.

Cuando Arturo, con una nueva comprensión de las cosas, le dice a su abuela: —¿"Para ti qué representa esa mansión en ruinas?". La Condesa, que ve en aquella casa sólo el fantasma del pasado; un bien que se ha ido en el tiempo y que se cristaliza en el recuerdo, responde a su nieto: "¡Mucho! Toda una vida... todos mis sueños juveniles, el pasado de tus bisabuelos, la infancia y la juventud de tu padre".

Esas son las razones justas, de la Condesa. Del otro lado, en contraste y contrapunto, están las razones, justas también, de Vilcema que, en otra escena con la Condesa sobre ese asunto, la joven argumenta: "...usted. Quiere venir a vivir aquí y es entendible. Pero todas las familias que habitamos esta casa de vecindad, necesitamos un lugar donde vivir". Y con una mayor indulgencia conciliadora, concluye: "Todos aspiramos a algo mejor de lo que tenemos, por eso estoy segura que hallaremos la mejor vía para todos".

En el planteamiento de Vilcema hay una conclusión conciliadora; generosidad inteligente de lo mejor y eterno que aún queda, como mínima reserva al menos, en el pueblo cubano, a pesar de todo. En Vilcema se improvisa un súbito pronóstico cuando intuye que hallaremos "la mejor vía" para la rearmonización nacional. Ella abre un postigo para asomarnos a la esperanza.

En ese encuentro con la realidad, algo ha tocado la sensibilidad humana de Arturo ante el espectáculo y la vida de esos otros cubanos en la otra orilla, y acaba por compadecerse de la pobre gente que vive allá en circunstancias tales, por causas del sistema político. En él se produce una transmutación de los objetivos en cuanto al retorno a la Isla: los exiliados —recapacita— deben pensar en ayudar a estas víctimas del régimen, y con ello al país. La cuestión para él ahora no es una de recuperar bienes, ya depauperados y en posesión de otros más necesitados. Nada, pues, hay que recuperar; lo que se recupera sólo es, y en última instancia, el recuerdo.

Así, en diálogo cruzado con su abuela le dice: —Piensa en esa gente, despréndete del egoísmo y analiza: ¿Es qué no sabes que Cuba está en bancarrota, que nos toca a nosotros, al exilio, ayudar a levantarla de la ruina en que la han dejado los comunistas?

"El regreso de la Condesa" es una comedia y, en su mayor alcance, trae un planteamiento crítico. La obra presenta una crítica amplia y gráfica al describir la miseria y depauperación de Cuba, donde lo ruinoso de una antigua residencia familiar refleja la ruina mayor que contiene en general todo el país; y también la crisis de valores tradicionales en la conducta y modales chabacanos por la, también, ruina moral de un sistema que deforma todo y, con ello, al ser humano como tal. La crítica en este punto, más allá del intermedio de las palabras, está en el testimonio gráfico de la situación presentada, forma, sin duda, elocuente.

Pero en forma más sutil entrelazada con el desarrollo escénico general, hay una crítica también a cierta sofisticada élite social del pasado nacional; crítica que el autor pone en boca de Fermina, como una forma de cordial choteo a su amiga la Condesa, como cuando, al responder aquella al teléfono, anuncia al que llama que está hablando a la casa "Condesa de Luyano's Home", fina ironía que comporta la burla contra algo qua está ya fuera de lugar, y Fermina ridiculiza con el arma más eficaz del choteo cubano.

En otra ocasión se presenta como ridiculez a destiempo el que la Condesa pide a Fermina qua le prepare el baño con sales aromáticas, lo que da ocasión a Fermina para decir en tono de burla, que un día le va a poner en el agua para el baño sales, pero del Sedano's, o sea, de un mercado popular en Miami, dando a entender que ese acto del uso de sales, bien puede efectuarse con la corriente y vulgar sal de cocina.

De igual modo Fermina vuelve a satirizar las poses de una burguesía "aristocrática", cuando en uno de los rejuegos de personajes con la Condesa, esta le reprocha el uso de una frase vulgar, a lo que Fermina responde que ella no puede ser tan "fista" tanto tiempo. Esa palabra "fista", en la jerga populachera cubana era una especie de burla a la exagerada y superficial finura de una clase social ya fuera de moda.

Finalmente, un tercer elemento, como de galvanización de los polos contrarios, es el amor; amor que se inicia en el recíproco descubrimiento de Arturo y Vilcema. Pero que trascendiendo ese límite individual en un alcance de sugerencia metafórica, podrá tocar también a los demás: nudo de consolidación de lo mejor de los seres humanos: fusión que enlaza, con un lazo de belleza, simbólicamente a las "dos orillas". Si Arturo se queda con Vilcema y continua en Cuba su vida, esta coyuntura puede simbolizar que de verdad somos (y seremos) un solo pueblo, lo que se hace evidente y factual cuando se quiebre el muro impalpable y se propicie el puro ejercicio del amor.

En resumen podemos concluir de las tres obras incluidas en este volumen, que Miranda traza un recorrido dramático donde, a pesar de la independencia temática central de cada pieza —por cuanto no se trata en esencia de una trilogía—, un hilo de conexión relaciona en un punto determinado las tres unidades, y es la referencia a una situación del país de este autor: más tangencial y ocasional en "Amparo y Clementina"; secundariamente asociado a la vida personal de una actriz a la que condiciona el vuelco político social ocurrido en su patria, en el drama "Lina" (esplendor y decadencia de una estrella) y directamente dirigido al proceso histórico cubano, y en este sustentado, en la comedia "El regreso de la Condesa", donde el cuento teatral rebasa el tiempo inmediato y se aventura en el futuro probable, anticipando la historia que puede ser, para de este modo ajustar la perspectiva del objeto Cuba y su paso en el tiempo, con el distanciamiento que permita un superior análisis en donde la premonición nos sitúa en un mañana actual.

De esta forma, Marcos Miranda trae su aporte a la dramaturgia en el destierro, complemento valioso a la literatura cubana conjunta, en la suma final del compendio futuro de las dos orillas, que en el tiempo, a pesar de todo, será una sola unidad cultural. Pero que ahora, desde aquí, es la versión complementaria y, más fiable, de la otra verdad en la historia de este difícil y controvertido proceso histórico cubano, porque como afirmó Martí, en otras palabras, por los testimonios de la literatura se puede conocer la historia de los pueblos con más verdad que por la crónica oficial.

Ángel Cuadra

Desde las dos orillas

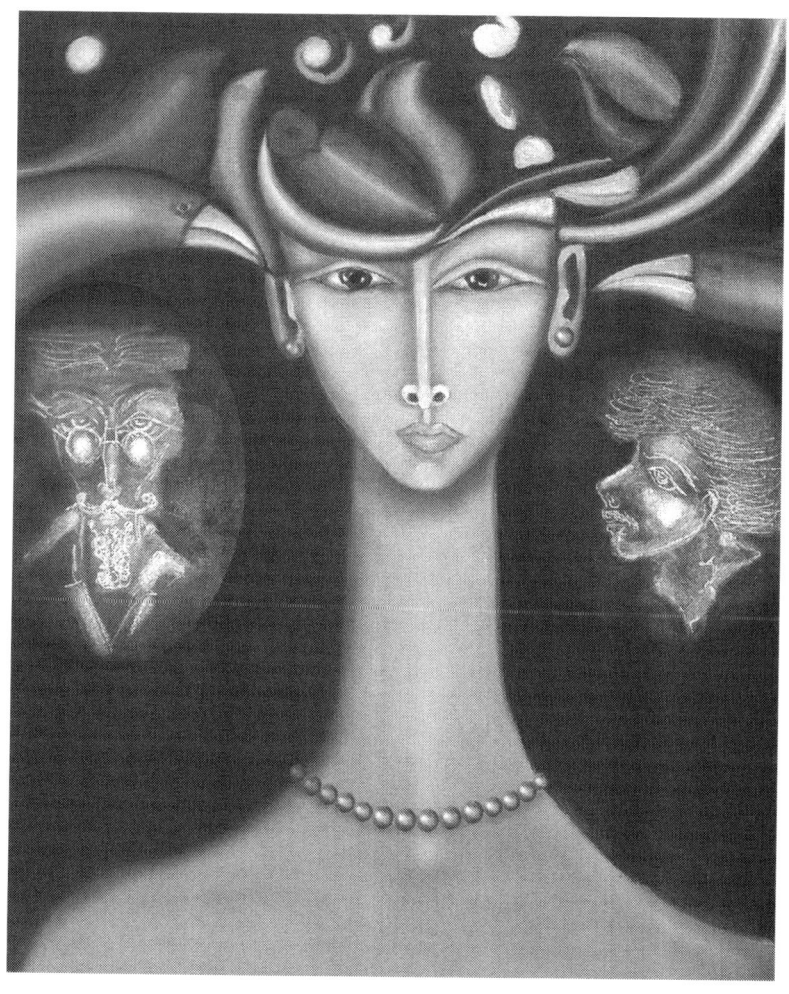

LINA

Obra ganadora del Primer Premio "Carlos Felipe" 1992, otorgado por la Asociación de Críticos y Comentaristas de las Artes (ACCA), en el Concurso Internacional de Literatura, Música y Artes Visuales.

Desde las dos orillas

A LAS ESTRELLAS QUE NO SUPIERON SER CONSECUENTES CON ELLAS MISMAS NI CON SU ÉPOCA, PERO QUE NOS LEGARON EL TALENTO Y EL ESPLENDOR QUE TODAVÍA RECORDAMOS.

EL AUTOR

PRIMER ACTO

PERSONAJES:

(Por orden de aparición)

LINA - LA ESTRELLA

ROMMY - EL SECRETARIO

ADELA - LA MADRE

RICARDO - EL MARIDO - DIRECTOR

ALBERTO - EL AMANTE

SONIDO: TEMA DE LINA

CUANDO SE DESCORRE EL TELÓN APARECE LA ESCENA CON MÁS DE 12 ARREGLOS FLORALES. CESTAS, JARRAS, RAMOS SOBRE LOS MUEBLES. FUERA DE ESCENA SE ESCUCHA LA VOZ DE LINA HACIENDO EJERCICIOS DE VOCALIZACIÓN Y RESPIRACIÓN.
EL SALÓN DE LA CASA REFLEJA EL ESPLENDOR DE LOS AÑOS CINCUENTA EN EL DECORADO, Y LOS MUEBLES.
POR EL RECIBIDOR ENTRA ROMMY CON UN ENORME CESTO DE GLADIOLOS Y AZUCENAS, SALPICADA DE ORQUÍDEAS. VIENE LEYENDO LA TARJETA.

ROMMY
No sé donde voy a poner tantas flores... **(TR)** éstas deben ser al menos de Batista! **(1) (LEYENDO)** para Lina: por una Juana la loca **(2)** memorable. Abel y Goar Mestre. **(3) COLOCA LAS FLORES SOBRE UN MUEBLE.**

ROMMY
¡No en balde!... **(TR)** Lina... los Mestre te mandaron tremenda cesta de flores. ¡Una maravilla!

LINA
(OFF) Trae más rodajas de pepino helado para ponérmelos en los párpados... **(DEJA DE HACER SUS EJERCICIOS VOCALES)**

ROMMY
Está bien.

LINA
(OFF) Procura que estén cortadas más finitas.

ROMMY
(HACE GESTO DE FASTIDIO) ¡Está bien!

ROMMY HACE MUTIS POR LA ZONA DE SERVICIO. POR EL RECIBIDOR ENTRA ADELA CARGADA DE BOLSAS CON PAQUETES.

ADELA
(A UNA PERSONA QUE ESTÁ AFUERA) Gracias Domingo, si luego decido salir le avisaré para que prepare el auto. **(CIERRA LA PUERTA)** Yujuuuuuu! estoy en casaaaa! **(NO OBTIENE RESPUESTA)** Lina, traje tu encargo... **(TR)** ¿Lina estás ahí?

LINA COMIENZA NUEVAMENTE SUS EJERCICIOS VOCALES.

ADELA
Si vieras como me comentaron tu actuación de anoche... todas las muchachas de "El Encanto" **(4)** están enloquecidas..., casi no me dejaban comprar. En todos los departamentos que fui me asediaban con lo mismo... "ay señora Adela, que bien estuvo Lina anoche"... "¡Que personaje!, ¡Que interpretación!", "¡como lloré viendo a su hija llorar!" **(TR)** Nunca faltó la venenosa que me preguntó si te ponías un pedazo de cebolla dentro del guante.

ROMMY
(ENTRANDO DE LA ZONA DE SERVICIO, CON BANDEJITA CON LOS PEPINOS) ¿Y usted qué le dijo señora Adela?

ADELA
Ganas no me faltaron de decirle una barbaridad. Pero me contuve y le di una clase de actuación. (TR) ¿Lina, no vas a venir a ver lo que compré?

ROMMY
(LE MUESTRA LOS PEPINOS) Esta relajándose. Tiene que estar extenuada.

ADELA
Me imagino (TR) pero tiene que reponerse... a las tres llegan los periodistas, el noticiero de cine... (TR) ¡mira la hora que es! tiene que vestirse y maquillarse. ¿Qué periódicos han confirmado?

ROMMY
EL Diario de la Marina, El Mundo, El País... El Excelsior... Información... (5) (TR) bueno todos... y de las revistas, ni hablar... ¡Vienen todos los periodistas que se ocupan de la farándula!

ADELA
Dentro de poco, la casa será un hervidero de fotógrafos y reporteros.

ROMMY
Ya lo tengo todo dispuesto.

ADELA
¿Ordenaste la merienda?

ROMMY
Si, ya llamaron de "El Carmelo" (6) que a las dos vienen los camareros con la comida y el servicio...

ADELA
Vuelve con eso a la cocina... Lina tiene que levantarse...

ROMMY
¡Después la "coge" conmigo señora Adela!

ADELA
¡Haz lo que te digo... voy a levantarla, porque por lo visto piensa pasarse todo el día en la cama!

ROMMY
(RESIGNADO) (VUELVE A LA ZONA DE SERVICIO) (MUTIS)

ADELA
(INICIA MUTIS HACIA LAS HABITACIONES) Lina, tienes que prepararte de un momento a otro llegará una nube de periodistas.

LINA
(OFF) No pienso recibir a nadie hoy.

ADELA
(OFF) ¿Qué estás diciendo? ¡Te has vuelto loca!

(ENTRA ROMMY NUEVAMENTE, ORGANIZÁNDOLO TODO)

LINA
(OFF) ¡Estoy muerta, destruida, agotada... necesito descansar... **(TR)** no... por Dios... no abras las cortinas... odio la claridad!

SONIDO: EFECTO DE DESCORRER CORTINAS.

ADELA
(OFF) ¡Levántate inmediatamente!

LINA
(OFF) No quiero.

ADELA
(OFF) Ya has descansado bastante...tienes que atender a la prensa... y a las siete es el cóctel de presentación de tu nuevo programa y por la noche es la cena en Sans Souci **(7)** con el productor mexicano.

POR EL RECIBIDOR ENTRA RICARDO, VISTE ELEGANTE COMBINACIÓN DEPORTIVA DE LA ÉPOCA, TRAE PORTAFOLIOS Y UNA ORQUÍDEA EN UN DISCRETO ESTUCHE.

LINA
(OFF) No voy a ir a ninguna parte.

SONIDO: CRISTAL QUE SE ROMPE.

ADELA
(OFF) ¡Lina, niña! ¡Has tirado un espejo... (TR) no sabes que un espejo roto son diez años de salación!

LINA
(OFF) ¡Me da lo mismo!

RICARDO
(A ROMMY) ¡El perro y el gato!

ROMMY
Lo de siempre.

RICARDO
¿Está resuelto lo de la prensa?

ROMMY
Sí señor.

RICARDO
(REVISANDO LAS TARJETAS DE LAS FLORES) Aquí está... (TR) buen ramo... los mexicanos están realmente interesados en ella.

ROMMY
La señora Lina dice que no irá a ninguna parte hoy...

RICARDO
(SIN ESCUCHARLE) ¿Tiene el vestido de noche listo?

ROMMY
La modista lo trajo temprano en la mañana... después que usted se marchó.

RICARDO
(ABRE EL PORTAFOLIO) Saqué las joyas de la bóveda... llévalas al cuarto y dile que ya llegué. (LE ENTREGA ESTUCHE)

ROMMY
Sí señor.

RICARDO
Dile a Nanda, que me prepare... una ensalada y frutas.

ROMMY
Sí señor Ricardo. **(MUTIS HACIA LAS HABITACIONES)**

RICARDO EN EL BAR SE PREPARA UN TRAGO

ADELA
(OFF) Ya te puse a llenar la bañera. Rommy échale sales al agua. Voy a decirle a Nanda que prepare algo de comer. **(TR)** ¡Eh! ¿Y esas joyas?

ROMMY
(OFF) Las trajo el señor Ricardo del banco.

ADELA
(OFF) ¡Ah! ¿Ya llegó? **(TR)** Ocúpate de ella Rommy.

ADELA
(ENTRANDO) ¿Qué te ha parecido el éxito?

RICARDO DESDE EL BAR.

RICARDO
Lo esperaba... ¿Tú no?

ADELA
Claro. Confío plenamente en Lina.

RICARDO
¿En Lina solamente?

ADELA
Tú eres el director. También tienes tu éxito.

RICARDO
(SONRÍE) El éxito es por los dos. Sin mí, Lina no sería nada y tú bien lo sabes.

ADELA
La hemos creado tú y yo... **(TR)** Bueno, ¡yo primero!

RICARDO.
¡Sí, tú la pariste y yo la fabriqué!

ADELA
Tu ego es más grande que el de ella.

RICARDO
Es lógico, tengo talento por los dos.

ADELA
(**CORTANTE**) Voy a decirle a Nanda que prepare algo ligero de comer.

MUTIS DE ADELA HACIA LA COCINA.

RICARDO
Me fue a ver el Licenciado Montenegro a C.M.Q.

ADELA REGRESA RÁPIDAMENTE.

ADELA
(**SE DETIENE**) ¿El mexicano?

RICARDO
(**TRIUNFANTE**) El mismo.

ADELA
Entonces, ¿es cierto?

RICARDO
(**BEBE**) ¿Viste las flores que mandó?

ADELA
(**SIN RESPONDERLE**) ¿Qué te dijo?

RICARDO
Lo que decimos todos los directores.

ADELA
Déjate de poses, (**VISIBLEMENTE EXCITADA**) y dime, ¿de qué hablaron?

RICARDO
Quiere que vayamos a México, a los Estudios Churrubusco. **(8)**

ADELA
(ALTERADÍSIMA) Ya le dieron una película.

RICARDO
Hay un argumento dando vueltas.

ADELA
¿Te dió el guión?

RICARDO
Te dije que sólo hay un argumento. Tengo que estudiarlo y aprobarlo para poder escribir el guión y dirigirlo.

ADELA
¿Vas a dirigir la película?

RICARDO
¿Quién si no?

ADELA
¿De eso depende que le den o no la película a Lina?

RICARDO
(ESTALLA) Óyeme bien Adela... Yo he sido quién ha creado esa estrella que ahora se niega a recibir a la prensa, tú le enderezaste los dientes, le pusiste lentes de contacto, le hiciste bajar de peso, le pagaste la cirugía de la nariz, las clases de canto, solfeo, equitación, de arte dramático... **(TR)** ¡Pero el poco talento que tiene se lo encontré yo! ¡Yo! ¡Lina del Valle es un producto mío... mío! De la nada la hice saltar al teatro, a la radio a la televisión... y gracias a mí, se inmortalizará en el celuloide.

ADELA
Voy a ordenar el almuerzo.

RICARDO
(SUJETÁNDOLA DEL BRAZO) Cuando fuiste a verme para que le diera clases y me hizo aquella audición, por poco me muero de risa. Sólo cuando le dije que no le veía condiciones y empezó a llorar desconsoladamente fue que vi en ella una sensibilidad dormida... una

fuerza oculta que necesitaba de un director como yo para montarle y sacarle de adentro los personajes. Y eso hice. En menos de dos años, tu hija… ¡Mi producto…! se ha convertido en la primera actriz de este país... la más cotizada, con un contrato fabuloso y con una proyección internacional.

ADELA
¿Por eso te casaste con ella?

RICARDO
Me casé con Lina porque le tengo cariño... y porque para completar mi obra necesitaba estar cerca de ella... y eso tú lo sabes.

ADELA
¡Y ahora la usas de trampolín, para llegar a la pantalla grande!

RICARDO
Yo no necesito a tu hija para llegar a ninguna parte. Recuerda que ustedes fueron quienes vinieron a mí.

ADELA
Lo recuerdo perfectamente. ¿Es que quieres que me pase la vida dándote las gracias por tu "generosa contribución" al estrellato de Lina?

POR LA ZONA DE LAS HABITACIONES APARECE LINA. VISTE UNA LARGA BATA DE SATEN Y UN TURBANTE EN LA CABEZA. NO TIENE MAQUILLAJE ALGUNO. SE HACE UN DENSO SILENCIO.

RICARDO VA HACIA EL BAR Y SE SIRVE.

MUTIS DE ADELA RUMBO A LA COCINA.

LINA SACA DE UN BOLSILLO DE LA BATA UN ESTUCHE DE MANICURE Y COMIENZA A LIMARSE LAS UÑAS.

RICARDO
Fue a verme el licenciado...

LINA
Ya lo escuché.

RICARDO
(BEBE) Estoy estudiando el argumento. (P) Creo que puede ser interesante. Tu papel es magnífico. El está muy entusiasmado contigo. Quieren hacerte unas pruebas de cámara. Tendremos que ir a México, ya le encargué a Vidal que revise tu contrato con Crusellas (9) para ver si hay algún impedimento legal para que trabajes en el extranjero. Creo que no... que no especifica cine... en fin ya nos lo dirá. (TR) ¿No te entusiasmas?

LINA
Sí.

RICARDO
Es la oportunidad de tu vida. ¡Conquistar el cine mexicano! ¡Convertirte en la María Félix del Caribe!

LINA
María Félix tiene unas manos horribles.

RICARDO
Si... ¡Pero es una estrella internacional!

LINA
Yo tengo más talento que ella.

RICARDO
(SILENCIO) Tienes que actuar con mucha inteligencia con los periodistas, cuando vengan esta tarde... tenemos que dar la impresión de que la película ya es un hecho.

LINA
¡Pero eso no es verdad!

RICARDO
Con el anuncio de tu viaje a México subirán tus "acciones" aquí.

LINA
¿Sin revisar las cláusulas de mi contrato?

RICARDO
Ese no es tu problema, deja a los abogados que salgan corriendo a revisarlo, automáticamente te aumentaran el doble... serás la actriz mejor pagada de Cuba. Ya los tenemos a todos a tus pies, ha llegado el momento de cruzar las fronteras.

LINA
Quiero ver el argumento de la película.

APARECE ADELA POR LA ZONA DE LA COCINA.

RICARDO
(SECO) Todavía lo estoy estudiando. Cuando lo apruebe y termine el preguión... te lo leeré.

ADELA
En diez minutos, Nanda servirá el almuerzo.

RICARDO
(A LINA) Tienes que estar radiante ante los periodistas.

ADELA
(A LINA) Te ordené unas verduras y una manzana.

RICARDO
Sonríe siempre, aunque las preguntas sean indiscretas.

ADELA
Le dije a Nanda que te sirviera el té con limón.

RICARDO
Míralos a todos desde arriba, desde tu pedestal. ¡Ellos son tus servidores! ¡Tú eres una diosa!

ADELA
El té calientito... para que te entone las cuerdas vocales.

RICARDO
Te escogí el collar de perlas y el solitario de brillantes para ahora. ¡Con el vestido de seda natural te va maravillosamente!

ADELA
El pelo recogido.

RICARDO
El pelo suelto... en cascada sobre los hombros... y un "echarpe" de seda. Nada más.

ADELA
Y para el cóctel... el vestido drapeado.

RICARDO
Para el cóctel el vestido straples de chiffón rojo, con la gargantilla y los aretes de rubíes y brillantes que te regalé por Navidad.

LINA
"La gargantilla y los aretes".

RICARDO
Diseño exclusivo para Lina del Valle, de "Le Trianon". **(10)**

ADELA
¿Y para la cena con el mexicano?

RICARDO
El vestido negro de "moiré" de seda y la capa de tafetán verde con los pendientes de esmeraldas...

ADELA
(ANIMADA) ¡Recuerdo de tu abuela Asunción, que en paz descanse!

RICARDO
¡Esos no! Los que le regalé cuando fuimos a Brasil de luna de miel.

LINA
¿Y el pelo?

RICARDO
Recogido en un moño francés... con tu cuello de cisne al aire... y los guantes verdes, los largos hasta el codo ¡Y tu mejor sonrisa para el Licenciado!

ADELA
¡Esa película será tuya!

RICARDO
¡La industria será tuya!

ADELA
¡La pantalla grande!

RICARDO

¡La María Félix del Caribe!

LINA

¡La Lina del Valle, de Cuba y de México!

ADELA

¡Y del mundo! ¿Por qué no?

APAGÓN.

CUANDO SE ENCIENDEN LAS LUCES. LA ESCENA APARECE EN PENUMBRAS, ES AVANZADA LA MADRUGADA. SOBRE LA MESA, EL SOFÁ Y EL PISO, APARECEN PERIÓDICOS UNA TIJERA Y RECORTES. ROMMY DORMITA SOBRE ESTOS. ABIERTO DE PAR EN PAR UN ENORME ALBUM CON FOTOS Y RECORTES DE LOS ÉXITOS DE LINA.

POR LA ZONA DE LAS HABITACIONES APARECE ADELA VISTIENDO UNA LARGA BATA DE CASA. DESPIERTA A ROMMY

ADELA

¡Rommy... Rommy!

ROMMY

¿Eh... eh...? **(DESPIERTA)**

ADELA

Ve a tu cuarto.

ROMMY

Me quedé dormido... **(BOSTEZA)** ¿Ya llegaron?

ADELA

No. Estoy impaciente.

ROMMY

¿Qué hora es?

ADELA

Tardísimo. **(MIRANDO EL RELOJ DE PULSERA)** Las cuatro y media.

ROMMY
Deben haber ido a comer algo a "La Plaza". **(11)**

ADELA
Sí, a Ricardo le encanta eso. **(TR)** ¡A mí me pone frenética! ¡Mira que meter a Lina en ese espantoso lugar!

ROMMY
Todos los intelectuales excéntricos van a comer allí.

ADELA
Ya lo sé. Pero no deja de ser una costumbre vulgar, ordinaria y peligrosa. Ahí va gente de toda calaña.

ROMMY
Bueno es una moda.

ADELA
¡El día que asalten o asesinen a uno, se acabará la moda!

ROMMY
(BOSTEZA) ¡No pasará nada...esa gente es inofensiva, van a lo suyo y punto... lo de ellos es el negocio!

ADELA
De todas formas ya debían estar aquí.

ROMMY
Mañana me contará. **(BOSTEZA)** estoy muerto de sueño... casi tengo organizadas las fotos y los recortes y la correspondencia ya está al día. **(BOSTEZA)**

ADELA
Pronto nos iremos a México.

ROMMY
¡Lina me dijo algo!

ADELA
Dios lo quiera. Esta noche es muy importante para Lina.

ROMMY
Ese productor está interesadísimo en ella.

ADELA
Claro que lo está... si no, no hubiera venido a verla... dicen que se quedó muy impresionado con "la Juana"... de Lina

ROMMY
¡Fue una función memorable!

ADELA
Pero tengo miedo.

ROMMY
¿Miedo? ¿A qué?

ADELA
A que no le den la película.

ROMMY
¿Por qué no se la van a dar?

ADELA
Porque depende de... **(PAUSA)**

ROMMY
¿De qué depende?

ADELA
(SE CONTIENE. A FIN DE CUENTAS ROMMY ES UN EMPLEADO)... es mejor que te acuestes... mañana Lina tiene que entrenar... y tienes que llevarla al gimnasio y a la masajista.

ROMMY
Está bien...como usted quiera señora Adela, **(TR)** pero recuerde que Lina para mi es un ídolo. ¡Algo que quiero y defiendo por encima de todo!

ADELA
Lo sé Rommy, por eso eres su secretario... su ayudante... su mano derecha. Si no fuera así, no vivirías en esta casa ni te consideraríamos como una persona de la familia, sino como un empleado.

ROMMY

Lo se señora Adela... y agradezco mucho la confianza que me tienen... y ahora hasta mañana. Y que descanse. **(BOSTEZA)**

ADELA

Muchas gracias.

MUTIS DE ROMMY HACIA SUS HABITACIONES.

ADELA, APAGA LA LUZ Y SOLO DEJA UNA LÁMPARA DE MESA ENCENDIDA. SE SIENTA EN UN BUTACÓN. POR LA ZONA DEL RECIBIDOR ENTRA LINA SEGUIDA DE RICARDO. NINGUNO DE LOS DOS VE A ADELA.

LINA

No hagas ruido. **(SE QUITA LOS GUANTES Y LA CAPA)**

RICARDO

(ALGO BEBIDO) No me des más órdenes, por favor... **(LA IMITA)**... ¡Ten cuidado... no corras mucho... dobla por aquí... sigue por allá! **(TR)** ¡Recuerda que el director soy yo mi vida! y que si eres lo que eres, ¡me lo debes a mí! ¡A mí!

LINA

(SUSPIRA RESIGNADA) Vamos a dormir.

RICARDO

¡Vamos a dormir! **(TR)** ¡Sigues dando órdenes!

LINA

No estoy dando órdenes... estás bebido... debes dormir. **(TR)** ¿Te preparo un poco de bicarbonato?

RICARDO

No quiero nada... deberíamos emborracharnos esta noche. ¡Tú y yo!

LINA

Tú bien sabes que no bebo.

RICARDO

Tú eres "casi" perfecta... si te hizo tu madre... **(TR) (RÍE)** ¡Pero yo te perfeccioné al máximo! ¡Por eso has llegado a donde has llegado y a donde vas a llegar! **(TR)** ¡Me alegro que no bebas alcohol, el que tu no bebas... me lo bebo yo!... **(TR)** ¡El alcohol... arruga la piel... y la tuya tiene que estar tersa y lozana para el celuloide!

LINA
Vamos a la cama.

RICARDO
Viste la expresión del mexicano cuando te vió. ¿Lo notaste?

LINA
Creo que le causé una buena impresión.

RICARDO
(CON INTENCIÓN) Más que buena... buenísima. **(RÍE)** No te quitaba los ojos de encima... sobre todo al strapless.

LINA
¡Ricardo!

RICARDO
Ya sabemos su preferencia... tienes que escotarte más en las salidas que hagamos con él.

LINA
¡No tengo por que venderme de esa forma!

RICARDO
Tu no te estás vendiendo... ese mexicano no tiene el dinero para poder pagar lo que vales.

LINA
¿Y si lo tuviera... tú me venderías?

RICARDO
(SE RÍE) El fin justifica los medios querida... no olvides eso.

LINA
(LO MIRA EN SILENCIO)

RICARDO
El romanticismo tenemos que dejarlo para el teatro... para los personajes. **(TR)** ¿Dónde esta el whisky?

LINA

¡No bebas más! ¡Vamos a la cama!

RICARDO

¡Un solo trago y vamos derechitos a entregarnos a los brazos de Morfeo!

LINA

¡Esta noche me siento feliz!

RICARDO

¡Mi felicidad es tu fama!

LINA

(SE LE ACERCA) Seamos tú y yo aunque sea solo por esta noche (LE ACARICIA)

RICARDO

¡Esta noche y siempre!

LE PASA EL BRAZO POR LA CINTURA Y LA CARGA EN BRAZOS SALIENDO HACIA LAS HABITACIONES. MUTIS DE LOS DOS.

ADELA SALE DE SU BUTACA Y SILENCIOSAMENTE APAGA LA LÁMPARA DE MESA QUE QUEDABA ENCENDIDA, MIENTRAS LA ESCENA QUEDA A OSCURAS.

APAGÓN.

CUANDO SE ENCIENDE LA ESCENA ROMMY ESTÁ AL TELÉFONO.

ROMMY

Si señor licenciado, tan pronto lleguen los señores les pasaré su recado. (TR) No señor... la señora está en una grabación de radio y el señor... ¡Sí, están en Radiocentro! (12)... Si quiere le doy el teléfono para que llame al señor Ricardo... (TR) Muy bien... no se preocupe que tan pronto lleguen se comunicarán con usted en el hotel. ¡Adiós señor! (CUELGA)

ENTRA ADELA DEL INTERIOR, VIENE CON EL VESTIDO Y LA CAPA QUE USÓ LINA LA NOCHE ANTERIOR.

ADELA

¿Quién era Rommy?

ROMMY

El Licenciado Montenegro. Quiere hablar con la señora Lina.

ADELA

¿Preguntó por ella... o por el señor?

ROMMY

Primero me preguntó por la señora y después por el señor.

ADELA

Rommy, quiero pedirte un gran favor...

ROMMY

Dígame señora Adela...

ADELA

Tu sabes lo que te quiere mi hija... y que para mi eres uno más de la familia.

ROMMY

Lo sé señora.

ADELA

Quisiera que... en esta oportunidad... no le digas nada al señor Ricardo que llamó el licenciado, quiero que ese hombre hable directamente con Lina... sin intermediarios... sin la influencia de nadie. ¿Me entiendes?

ROMMY

Creo que sí señora Adela.

ADELA

Gracias Rommy. Esta oportunidad es única para mi hija, y no quiero que nada ni nadie se aproveche de ella para escalar. Lina es una gran actriz... una estrella con luz propia... no necesita de nadie para ganar el firmamento; pero tampoco estoy dispuesta a que la utilicen como trampolín... ¿me entiendes?

ROMMY

¡Sí, señora!

Marcos Miranda

ADELA
Voy a llevarle a Nanda esta ropa para que la mande a lavar... Lina tiene que tener todo su vestuario listo par el viaje.

ADELA HACE MUTIS HACIA LA COCINA. ROMMY LA VE SALIR Y SE ENCAMINA HACIA EL INTERIOR CUANDO POR LA PUERTA DE LA CALLE ENTRA LINA. TRAE CARTERA Y GUIONES.

LINA
(HACE EJERCICIOS DE VOZ)

ROMMY
Lina, te llamó el Licenciado Montenegro.

LINA
(DEJA LOS EJERCICIOS) ¿A mí?

ROMMY
Sí.

LINA
(CON DISIMULADO NERVIOSISMO) ¿Está en el hotel?

ROMMY
Sí en el hotel Nacional **(13)** en la suite 648.

LINA
(BUSCA PRESUROSAMENTE EN SU CARTERA, QUE A DIFERENCIA DE LAS MUJERES COMUNES ESTÁ MUY ORGANIZADA) ¡Aquí está! **(SACA LIBRETICA DE TELÉFONOS) (VA AL TELÉFONO Y MARCA NÚMERO)**

ROMMY
(MIRA POR LA PUERTA DE LA CALLE) ¿El señor Ricardo viene contigo?

LINA
No, está en un ensayo. **(TR)** ¡Por favor con la suite 648! **(PAUSA)**

ROMMY SE RELAJA UN POCO Y TOMA LOS GUIONES QUE TRAE LINA Y LOS REVISA EN UN ÁNGULO DE LA SALA CERCA DE LA DIVA.

LINA

Licenciado... soy Lina del Valle... ¿Cómo está usted? **(TR)** Acabo de llegar y mi secretario me dió su mensaje. **(P)** Bien... muy bien... algo cansada, pero feliz. **(RISITA)** Claro... **(CON CIERTA COQUETERÍA)** espero serlo aún más. **(PAUSA) (SE SIENTA ASOMBRADA)** ¿De veras? Me sorprende usted. **(P)** No... por supuesto que no... es que no pensé que ...**(PAUSA)** no sabía que ...**(PAUSA)** estoy un poco aturdida. **(REPONIÉNDOSE)** pero me siento feliz... y muy agradecida. ¡Gracias Licenciado... muchas gracias! **(P)** ¿Sí? ¿Dígame? **(P)** ¿Cuál? **(PAUSA)** ¿Cómo? **(PAUSA) (SONRÍE FORZADA)** Lo entiendo pero... **(EXTRAÑADA)** es que Ricardo es mi director independientemente de ser mi esposo, él es un magnífi... **(SE INTERRUMPE) (PAUSA)** Sí, por supuesto... le entiendo, pero... **(P)** me gustaría tratar este tema personalmente. **(P)** Muy bien... **(P)** bien. **(P)** Espero por usted Licenciado. ¡Adiós! **(CUELGA)**

ROMMY
¡Te llevan a México!

LINA
Sí.

ROMMY
¡Pero sola... sin Ricardo!

LINA
(REPITE IMPERSONAL) ¡Sola sin Ricardo!

APAGÓN.

CUANDO SE ENCIENDE LA ESCENA RICARDO SE PASEA NERVIOSO. VISTE UNA ELEGANTE DATA DE SEDA.

RICARDO
¡Rommy, Rommy!

ROMMY SALE POR EL LATERAL DE LAS HABITACIONES.

ROMMY!
¿Dígame señor Ricardo?

RICARDO

No me digas señor Ricardo. **(TR)** ¿Dónde está Lina y la bruja de su madre?

ROMMY

(CON CIERTO TEMOR) Salieron a media mañana.

RICARDO

¿A dónde fueron?

ROMMY

De tiendas.

RICARDO

¡Lina no fue a las clases de esgrima, ni a las de canto!

ROMMY

No.

RICARDO

¿Qué está pasando en esta casa Rommy?

ROMMY

Que yo sepa... nada.

RICARDO

¡Hipócrita, tu sabes lo que esta pasando... tú lo sabes todo, lo oyes todo! **(TR)** Ese mexicano de mil demonios se largó sin ni siquiera despedirse de mí... pero en cambio llamó a Lina y se despidió de ella...

ROMMY

Eso si lo sé... que llamó para despedir...

RICARDO

(INTERRUMPE) Algo tiene que haberle dicho del viaje... de la película... Lina me contesta con evasivas, con palabras ambiguas. Estoy completamente seguro que ese plan está elaborado por Adela. Ella es la eminencia gris detrás del trono. Lo que ella no sabe es que sin mí... "su Reina" ¡no es nada!

ROMMY

(LO MIRA CON CIERTO TEMOR) Lina lo sabe muy bien.

RICARDO
Pero le hace el juego... se deja embaucar por ella. No sé que va a hacer en México sin nadie que le cuide los tonos, las transiciones, que chequee el contrato y sus cláusulas... Que sepa lo que es un buen guión, unos buenos diálogos, que esté al tanto de la edición de la película... que esté pendiente de los planos. ¡Estúpida...no sé a quién encontrará que la dirija como yo!

ROMMY
Lina está en una encrucijada.

RICARDO
(LO MIRA Y CAMBIA DE ESTRATEGIA) ¿Por qué?

ROMMY
(COGIDO EN FALTA) No me haga hablar señor Ricardo.

RICARDO
(SEDUCCIÓN) Te digo que no me digas señor Ricardo. Estamos solos en la casa.

ROMMY
Está Nanda la cocinera.

RICARDO
Como si no estuviera. **(LE ABRE LOS BOTONES DE LA CAMISA)**. Está en su cuarto.

ROMMY
¡No Ricardo! **(LO EVADE)**

RICARDO
¡Así me gusta más! ¿Qué pasa? **(P)** ¿No quieres ahora? ¿Desde cuándo estos arranques de "moral y cívica"?

ROMMY
Lina no se merece que...

RICARDO
Desde cuando este complejo de culpa...

ROMMY
Siempre me ha atormentado. Es una traición.

RICARDO
¡Es muy tarde ya para arrepentimientos, muñeco! Eso tenías que haberlo pensado el primer día. Así que ahora dime todo cuanto sepas... ¡si no quieres que "escriba un guión" donde el protagonista sea el secretario de una estrella que trata de seducir al marido de su jefa!

ROMMY
¿Serías capaz?

RICARDO
Tú sabes bien de lo que soy capaz, mi querido "amigo". **(TR)** Me siento muy bien contigo Rommy.

ROMMY
¡Déjame!

RICARDO
¡Eres muy sensual, cariñoso... y complaciente! **(P)** En fin que me gustas mucho. Juntos como ahora... podemos lograr grandes cosas en la vida... Te imaginas en México... paseando por la Zona Rosa **(14)** tú y yo... mientras Lina triunfa en el cine. ¿Eh? ¡Y yo dirigiendo sus películas... convertido en un director famoso de la industria con dinero a manos llenas! **(TR)** ¿Lo has pensado alguna vez?

ROMMY
(ALGO EXCITADO) ¡Sí...lo he pensado!

RICARDO
¡Para Lina eres insustituible! ¡Reúnes todas las condiciones que ella necesita, eres su secretario, su valet, le diseñas, la maquillas, la peinas... eres su confidente!

ROMMY
Por eso no puedo.

RICARDO
¡Pero para mí eres mucho más... mucho más que todo eso, Rommy!

ROMMY
No puedo traicionarlos a ninguno de los dos.

RICARDO
No tienes que traicionarla.

ROMMY
¡Ella es tu mujer!

RICARDO
¡Y tú eres "mi amigo"!

ROMMY
¡No me obligues Ricardo... no me fuerces! **(RICARDO ESTÁ A PUNTO DE BESARLO)**

(SE ESCUCHA EL LLAVÍN EN LA PUERTA Y VOCES DE LINA Y ADELA)

MUTIS PRECIPITADO DE ROMMY HACIA EL INTERIOR.

LINA
(ENTRANDO) ¡Ah! ¿Estás aquí?

RICARDO
¿Y dónde iba a estar?

LINA
¿No tenías señalado un ensayo de "Mi esposo favorito"? **(15)**

RICARDO
Estás muy al tanto de mis ensayos querida. **(TR)** Pero no... te fallaron los cálculos... una cosa piensa el borracho y otra el bodeguero.

ADELA ENTRA. VIENE CON PAQUETES.

ADELA
(CAMBIA MIRADA CON LINA. MUTIS HACIA EL INTERIOR) (CARRASPEA)

RICARDO
¡Las ratas corren cuando el barco zarpa!

LINA
Me voy a dar un baño. ¿Dónde está Rommy? ¡Me pareció que estaba aquí!

RICARDO

Si, fue a su cuarto... a mecanografiar una carta para el Licenciado Montenegro.

LINA

¡Ah! ¿Sí?

RICARDO

¡Sí! Le digo al Licenciado... (en otras palabras, claro está) que para tratar cualquier asunto relacionado contigo o con el viaje... pues que debe comunicarse antes conmigo.

LINA

¿A qué viene eso?

RICARDO

Cómo se marchó así... tan abruptamente, sin despedirse de mí... Y yo soy tú representante, supongo que no se haya atrevido a precisar ningún detalle... contigo.

LINA

Ricardo, hasta ahora, tú has sido mi manager, mi director y mi guionista...

RICARDO

(SIRVIÉNDOSE UN TRAGO) ¿Entendí mal... o has dicho... "hasta ahora"?

LINA

Eso he dicho.

RICARDO

¿Pretendes independizarte querida?

LINA

Sí.

RICARDO

¿De veras? **(TR)** ¿Así que estás planeando el viaje a México a mis espaldas?

LINA
El Licenciado Montenegro, habló claro conmigo... no quiso darte la cara por pena... pero a quién quieren para la pantalla grande... es a mí.

RICARDO
¿No me digas?

LINA
Me dejó el guión de la película... y el contrato... donde se explica claramente en una cláusula, que les interesa mi nombre y mi trabajo como actriz, pero que no puedo sujetarme a ningún director-guionista o productor que no sean los de los Estudios Churrubusco. **(16)**

RICARDO
¡Qué interesante!... ¿Y tú aceptaste esa cláusula?

LINA
Mi carrera está primero... Tú mismo me enseñaste ese principio.

RICARDO
¡Eres una estúpida!

LINA
Ricardo, no estoy dispuesta...

RICARDO
No estás dispuesta... ¿A qué estás dispuesta idiota?... ¡A hacer el ridículo en México... a convertirte en el hazmerreír de María Félix, de Dolores del Río, de Jorge Negrete y Arturo de Córdova! **(17)** ¿Cuál es el papel que te ofrecieron? ¿La criadita de alguno de ellos o la prostituta caribeña con la que el señorito rico descarga sus abultados testículos?

LINA
(LO MIRA CON CIERTO TEMOR, RABIA Y ODIO A LA VEZ)

RICARDO
¡Vas a ir a México y vas a regresar fracasada, después que te acuestes con ese Licenciado y con los que él quiera! Entonces, te sentarás a ver la mierda de película que te ofrecieron... y yo me sentaré a verla en CMQ **(18)** con todo mi "staff", claro que sí, para corroborar lo que te estoy diciendo en este momento.

LINA
Esto sólo será para entrar en la industria cinematográfica... después que yo entre tú podrás...

RICARDO
No Lina del Valle, después no te necesito, yo no te necesito... tú eres mi producto... sin mi no eres nadie. Tu no brillas por ti misma... tú no eres nada... no puedes sostenerte por que yo soy tu muleta. Yo sé tus puntos débiles... sé cual es tu mejor ángulo, la ropa que mejor te va, los colores, el maquillaje que te favorece, las obras y los personajes ideales para ti... Yo soy quien puedo sacarte la fibra y el talento que duerme en ti. (**TR**) ¡No es al revés! ¡No te equivoques! Son muchas las actrices que sueñan que yo las dirija. (**PAUSA**) En este momento he dejado de pensar en ti como actriz... es más, en mi firmamento se acaba de apagar una estrella. (**P**) ¡No pienso en ti, porque no existes, no eres... no estás!

LINA
Ricardo cuando se te pase...

RICARDO
No me conoces Lina del Valle (**SONRÍE**) Te deseo un feliz viaje. (**TR**) Cuando regreses, nos sentaremos con el abogado para precisar los detalles del divorcio.

LINA
Ricardo... ¿Pero te has vuelto loco?

RICARDO
¿Loco? (**RÍE**) No, nunca he estado más cuerdo y más tranquilo. Creo que me he quitado un gran peso de encima. Aunque sospecho que nuestra separación será problemática, por aquello de los gananciales... Conozco a tu madre y yo no voy a transigir: ¡No hay hijos y trabajas y ganas tanto o más que yo, así que has tus cálculos y dile a "tu madre" que si quiere guerra... tendremos guerra!

RICARDO HACE MUTIS HACIA EL INTERIOR.

LINA
(**COMIENZA A SOLLOZAR CONVULSIVAMENTE**)

ADELA SALE.

ADELA
(**CONSOLÁNDOLA**) No tienes que preocuparte... tú eres una estrella, tienes luz propia... México será tuyo. Te convertirás en una diva del séptimo arte... serás la Greta Garbo de América Latina. Todos se rendirán a tus pies... te dirigirán los mejores directores... y Ricardo Sotolongo no será mas que un recuerdo en tu carrera.

LINA
(**LLORANDO**) ¡Tengo miedo mamá... tengo mucho miedo!

LINA ABRAZA A SU MADRE MIENTRAS BAJAN LAS LUCES.

APAGÓN.

SONIDO: HIMNO DEL 26 DE JULIO (19)

AL ENCENDERSE LAS LUCES RICARDO EN EL BAR SE SIRVE UN TRAGO. ROMMY EN EL TELÉFONO.

SONIDO: CROSS FADE AMBIENTE EN SEGUNDO PLANO GRITERÍA CALLEJERA.

ROMMY
(**CONVERSACIÓN TELEFÓNICA**) No te preocupes... yo me ocupo de todo. (**TR**) ¡Si... Bien... claro... No, no le diré nada. (**MIRA A RICARDO**) No ha llegado todavía... ni Adela tampoco. (**PAUSA**) Está bien si viene, se lo digo. ¡Chao!

RICARDO
(**CIERRA VENTANA**) ¡Lina!

RICARDO
¿Dónde está?

ROMMY
En el Consejo Nacional de Cultura. (**20**)

RICARDO
No le dan el permiso para ir a México.

ROMMY
(**GUARDA SILENCIO**)

RICARDO
Te dijo que no me contaras nada.

ROMMY
(LO MIRA Y ASIENTE)

RICARDO
¡Se puso fatal! ¡Primero de enero! ¡Llegó el comandante y mandó a parar!

ROMMY
Ha ido a ver a todo el mundo, al fin la recibieron, pero piensan que lo que quiere es irse del país.

RICARDO
Conozco algunos barbudos **(21)** amigos míos que podrían ayudarla, pero su orgullo la pierde.

ROMMY
¡Y el tuyo no va a permitir que la ayudes!

RICARDO
(RÍE) ¡Buen chiste Rommy!

ROMMY
¡Me da mucha lástima con ella... se ha quedado con todo preparado, equipaje, pasaporte... todo! **(TR)** Incluso la separación de ustedes...

RICARDO
El divorcio, querrás decir.

ROMMY
Debías esperar un poco para dar ese paso Ricardo. Lina te quiere... es una mujer encantadora... además en estos momentos, los dos se necesitan... a ti te conviene estar casado...

RICARDO
Yo sé bien lo que me conviene Rommy. **(TR)** Por cierto, pensaba ir a casa de mi madre, pero quizás alquile un apartamento para mí.

ROMMY
Están anunciando una reforma urbana. **(22)**

RICARDO

Eso no me afecta. Quiero vivir solo. Quizá te interese venir a vivir conmigo.

ROMMY

Tengo que pensarlo.

RICARDO

Voy a necesitar un secretario... a ti te conviene aprender... yo te puedo enseñar muchas cosas.

ROMMY

No empieces, Adela está al llegar.

RICARDO

Esta semana me voy de aquí... mi abogado se encargará de los gananciales. Si Lina quiere quedarse con la casa tendrá que pagarme la parte que me corresponde... y con ese dinero... alquilaré un apartamento en el Retiro Médico o mejor en el Focsa **(23)**, así estoy más cerca de los estudios... y el resto lo guardaré, el momento es de austeridad pensando en lo que pueda ocurrir.

ROMMY

La chusma está en la calle. No creo que esto dure mucho Ricardo.

RICARDO

Yo tampoco, de cualquier manera, tengo un buen contrato con Crusellas... **(24)**

ROMMY

Que te obliga a trabajar con Lina como su director...

RICARDO

Eso no me importa. Yo soy un profesional. Puedo dirigir a mi peor enemigo y después que salga de los estudios ni mirarlo.

ROMMY

De todas formas todo esto va a afectar mucho a Lina.

RICARDO

Ese es su problema. No soporto la traición.

ROMMY
¡Sí de traición se trata... tú no podrías hablar!

RICARDO
Ni tú tampoco.

ROMMY
Tú eres su marido.

RICARDO
¡Y tú el mío o yo el tuyo, como quieras!

ROMMY
¡Antes no eras tan desfachatado... te has contagiado con tus amigos "barbudos"!

RICARDO
¿Quién sabe?

ROMMY
¡Ricardo no la dejes... ella te necesita!

RICARDO
Eso ya pasó Rommy... nunca la perdonaré. ¡Nunca!

POR LA PUERTA DE LA CALLE ENTRA ADELA. TRAE UN VELO POR ENCIMA DE LOS HOMBROS Y MISAL Y ROSARIO EN LAS MANOS.

ADELA
¿Rommy, ha llamado...? (**SE INTERRUMPE CUANDO VE A RICARDO**)

ROMMY
Si... llamó Lina, pero no dejó ningún recado... para nadie.

(**SE HACE UNA EMBARAZOSA PAUSA. RICARDO SE APARTA UN POCO**)

ADELA
(**POR DECIR ALGO**) La iglesia estaba llena, vi a las Martínez Serra, dicen que esto es comunismo. (**SE PRESIGNA**) ¡Que Dios no coja confesados!

ROMMY
Eso me contó Nanda que le dijo el chino Julio (el de las verduras)... que en su tierra pasó lo mismo... que cuando el vió aquí en la Plaza Cívica **(25)** las palomas volando dijo: **(LO IMITA)** *"Pa'su ecopeta... eto sel comunimo. Chinito patica pa'que te quielo"* y ya se fue para Miami.

RICARDO
(A ROMMY) ¡La idiosincrasia nuestra no es la misma. Nosotros somos católicos... aquí no triunfará el comunismo!

ADELA
(A ROMMY) Rommy si llega o llama Lina... dile que estoy en mi habitación.

(MUTIS HACIA EL INTERIOR)

ROMMY
No se preocupe, Adela.

RICARDO
La vieja ahora no sale de la iglesia, haciendo promesas para que dejen viajar a la hija.

ROMMY
La pobre ha tenido muy mala suerte.

RICARDO
Cada cual recoge lo que siembra.

ROMMY
LO MIRA E INICIA MUTIS HACIA EL INTERIOR.

RICARDO
Recuerda lo que te propuse Rommy.

ROMMY
Lo pensaré... ¡Director! **(LE SACA LA LEGUA)**

RICARDO
(HACE COMO PARA MORDERLE) Procura no demorarte mucho. La "demanda" es muy grande en este momento.

MUTIS DE ROMMY HACIA EL INTERIOR. RICARDO SE ENCAMINA AL BAR Y SE SIRVE OTRO WHISKY, CUANDO SE DISPONE A ENTRAR HACIA LAS HABITACIONES ENTRA LINA. LINA VISTE MENOS ELEGANTE Y SOFISTICADA.

LINA
(AL VERLE) Hola Ricardo. (VA A SEGUIR HACIA SU CUARTO)

RICARDO
(MIENTE) Te estaba esperando.

LINA
(SE DETIENE) ¿A mí?

RICARDO
Sí. Creo que tenemos que hablar, ¿no?

LINA
¿Sobre qué?

RICARDO
¿No lo sabes?

LINA
No te entiendo.

RICARDO
Sobre lo nuestro.

LINA
Todos los matrimonios tienen sus altas y bajas... nosotros estamos pasando esa segunda etapa.

RICARDO
(SONRÍE) ¿Crees que tenga solución? ¿Crees honestamente que nuestra unión tenga salvación todavía?

LINA
Sí, por supuesto... nosotros tenemos mucho en común... nos queremos. No podemos dejarnos llevar por celos profesionales.

RICARDO

(ÍDEM) Lina, entonces... ¿me sigues queriendo como el primer día?

LINA

¡Que cosas dices Ricardo! Claro que te quiero.

RICARDO

¿Nunca me abandonarás?

LINA

(LO VA A ABRAZAR) ¡Por supuesto que no Ricardo!

RICARDO
(LA APARTA Y SE RÍE A CARCAJADAS)
(LINA DESCONCERTADA RETROCEDE)

RICARDO

(**TR**) ¡Porque ya no te vas a México! ¿Eh? Por eso quieres volver a: (**LE IMITA**) "Los brazos de mi Ricardo". (**TR**) Claro, como tienes que quedarte, necesitas al director... ¿No es eso?

LINA

Ricardo, ¿cómo puedes...?

RICARDO

Pues óyelo bien Lina del Valle. Ni una cosa ni la otra... te quedaste como el gallo de Morón... sin plumas y cacareando... sin México, sin marido y sin director porque nunca más volveré a dirigirte Lina del Valle, ¡Nunca más!

SONIDO: TEMA DE LINA.

FIN DEL PRIMER ACTO

SEGUNDO ACTO

SONIDO: TEMA DE LINA.

LA ESCENA HA VARIADO AL ENCENDERSE LAS LUCES. PARTE DE LA SALA DESAPARECE, TRANSFORMÁNDOSE EN UN ESPACIO VACÍO, SEMEJANTE A UN LOCAL DE ENSAYOS O LO QUE PUDIERA RECORDAR A UN ESTUDIO DE TV. ILUMINACIÓN: SOLAMENTE SE ILUMINARÁ LA ZONA DEL ESTUDIO. POCAS SILLAS... UNA MESA... ALGUNAS LUCES EN SUS BASES Y EL FONDO DEL ESCENARIO. DE ESPALDAS AL PÚBLICO, UNA SILLA TIPO DIRECTOR VACÍA. ROMMY SENTADO FRENTE A UNA MESA HACE ANOTACIONES EN UN LIBRETO.

ALBERTO
(AFUERA) Con permiso... ¿Aquí ensaya Ricardo Sotolongo?

ROMMY
¡Sí... adelante!

ALBERTO
Buenas... usted es...

ROMMY
Su asistente... ¿Tú eres Alberto Palacios?

ALBERTO
(LE EXTIENDE LA MANO) ¡Un servidor!

ROMMY
Mucho gusto. Mi nombre es Rommy... de Romualdo... pero como es tan horroroso..., me gusta que me digan Rommy.

ALBERTO
No te preocupes. Rommy suena muy bien.

ROMMY
¡Ay gracias! ¿Tú eres nuevo, no?

ALBERTO
Relativamente. Empecé hace poco, aquí en La Habana **(26),** porque en Camagüey **(27)** hice mucho teatro.

ROMMY
No me digas. ¿Y televisión?

ALBERTO
No... allá no hay estudios.

ROMMY
Ay es verdad... Que torpeza la mía. ¿Y cómo caíste aquí en C.M.Q?

ALBERTO
Un amigo me dijo que estaban buscando galanes y no lo dudé dos veces y aquí estoy.

ROMMY
¿Vienes a que te hagan una prueba?

ALBERTO
No... ya me la hicieron... la pasé... y muy bien. Me felicitó... **(NO RECUERDA BIEN)** Alejandro...

ROMMY
¡Lugo! **(28)**

ALBERTO
Ese mismo. ¿Lo conoces?

ROMMY
¡Sí, claro!

ALBERTO
Ese compañero me dijo que como se habían ido tantos artistas, va a empezar...

ROMMY
El curso de formación de actores. **(29)**

ALBERTO
Ese mismo. Estás bien enterado. **(TR)** Bueno, siendo el asistente de Ricardo Sotolongo... tienes que estarlo... es el mejor director de televisión según me han dicho.

ROMMY
Sí. Es muy bueno.

ALBERTO
Estoy un poco nervioso. No paro de hablar.

ROMMY
No te preocupes. **(TR)** ¿Tú no lo conoces?

ALBERTO
Me lo presentaron en la oficina de talento artístico...

ROMMY
El se interesó en... tu figura para el "Víctor" de "Yerma". **(30)**

ALBERTO
Eso me dijo... para trabajar con Lina del Valle. **(TR)** Para mí es un reto, la oportunidad de mi vida... actuar junto a ella... **(SONRÍE TÍMIDO)** Nunca lo hubiera imaginado cuando estaba en Camagüey.

ROMMY
Pues mira, lo lograste.

ALBERTO
Actuar junto a ella... es para mí... como viajar a la luna... y bajo la dirección de Sotolongo... Son cosas que jamás pensé que podría realizar.

ENTRA RICARDO QUE ESCUCHA LO QUE DICE ALBERTO PERO HACE COMO SI NO LO OYERA. (MIRANDO EL RELOJ)

RICARDO
¿Todavía no ha llegado Lina, Rommy?

ROMMY
No, quién llegó fue Alberto Palacios.

ALBERTO
(SOLÍCITO) ¡Buenas tardes!

RICARDO
(A ROMMY) Cuando llegue Lina, anota la hora... y reporta su llegada tarde.

ROMMY
Ricardo, en tablilla me dijeron que ella había llamado y "dejó" un recado para ti...

RICARDO
No me interesan sus recaditos, el ensayo está fijado para las cinco y media, esa es la hora,.. y ella no esta aquí. **(LE ORDENA)** Reporta a la hora que llegue. **(A ALBERTO)** ¿Te dieron el libreto?

ALBERTO
Sí compañero.

RICARDO
A mi no me digas compañero. ¡Yo soy Ricardo!

ALBERTO
Está bien... Ricardo.

RICARDO
Mi método es el siguiente: yo ensayo lunes, miércoles y viernes. La escena que yo te monte hoy lunes... me la tienes que traer aprendida el lunes de la semana que viene... y la del miércoles, el próximo miércoles y así sucesivamente. Esto no es teatro... aquí las obras hay que montarlas en un mes. ¡Si no te interesa, o no quieres hacerla... me lo dices ahora; te sustituyo y san se acabó!

ALBERTO
Yo tengo buena memoria.

RICARDO
Me alegro. La vas a necesitar. **(TR)** Siéntate... ¡Siéntate! Ahora vamos a hablar del Víctor de Yerma... ¿te has leído la obra?

ALBERTO
¡Sí!

RICARDO
¿Te leíste mi adaptación?

ALBERTO
Sí, claro, es muy buena.

RICARDO
...Entonces busca la escena y quítate la camisa para empezar... **(ALGO DESCONCERTADO)**

RICARDO
¡Que te quites la camisa!

ALBERTO SE QUITA LA CAMISA DEJANDO EL TORSO DESNUDO.

RICARDO
El Víctor es tierra, es fuego, es pasión. El es la última esperanza que le queda a Yerma.., es el semental que la puede sacar del ostracismo en que Juan (el marido) la tiene sumida.

ALBERTO
(TOMA NOTA DE LAS INDICACIONES DE RICARDO)

RICARDO
Yerma cuando lo ve, queda da fulminada por la imagen del macho. Es lo que ella necesita para escapar, para huir de la tiranía de su esterilidad. Juan la acorrala, la aniquila. Víctor es el puente... la mano varonil que la sacará de la monotonía de Juan... de la que ella se revela.

ALBERTO
¿Y el Víctor siente lo mismo por Yerma?

LINA LLEGA POR UN COSTADO SIN SER VISTA POR RICARDO NI ALBERTO. ROMMY SI LA VE. SE NOTA CIERTA TIRANTEZ ENTRE LOS DOS.

RICARDO
A ti Yerma te gusta como hembra... pero sabes que le pertenece a Juan y por el respeto que sientes por él, te sientes incapaz de llegar a poseerla.

ALBERTO
¿Víctor casi siente miedo por Juan?

RICARDO
Piensa en las convenciones... estamos hablando de un contexto social cerrado, lleno de prejuicios machistas, donde la última palabra la dice el señor feudal, al que todo y todos le pertenecen. Ese es el Juan. **(TR)** ¡Víctor en el fondo quiere ser como él!

ALBERTO
Ya entiendo.

RICARDO

No, no entiendes nada. En mi puesta, Víctor, después de la escena de la insinuación de Yerma, será el papel carbón de Juan, será su doble, su extensión, su prolongación. Esa será la venganza de Juan hacia Yerma.

ENTRA LINA CON PASO DECIDIDO.

LINA

Buenas tardes. Pido disculpas...

RICARDO

(**INTERRUMPE**) ¿Sabías a que hora era el ensayo?

LINA

Sí. Pero tuve un contratiempo y llamé a tablilla para que le informaran que...

RICARDO

Mis ensayos comienzan en punto, y usted sabe que no hago distinciones ni concesiones de ningún tipo. Puede retirarse. ¡Estoy trabajando con el "Víctor"! El resto de los ensayos se mantienen como ya usted sabe y le fue notificado.

(LE DA LA ESPALDA Y VA A BUSCAR SU GUIÓN)

SE HACE UN DENSO SILENCIO. LINA, RECOGE SU BOLSO, MIRA A ROMMY Y A ALBERTO QUE NO SABE QUE HACER NI QUE DECIR, Y HACE MUTIS.

RICARDO

¡El ensayo continúa!

APAGÓN.

ILUMINACIÓN: SE ENCIENDE LA ZONA DE LA SALA.

ADELA

(**HABLA POR TELÉFONO**) Sí, claro que te entiendo, pero comprende que no puedo hacer nada. (**PAUSA**) Todo eso ya lo hemos hablado hasta la saciedad, pero ella no quiere... está ilusionada con esto... ya no sé como decirle. (**PAUSA**) Claro que sí..., dicen que Mestre va a poner un canal de televisión en Argentina o en Puerto Rico, ¡que se yo! (**P**) Estoy segura que ellos o Pumarejo **(31)** la ayudarían. Incluso en México o en España, con el nombre que se ha ganado aquí y las relaciones que tenemos allá, **(P)** la misma Amparito, **(32) (TR)** pero... ¿quién la convence? ...Tiene miedo. Claro... Eso es lo que pasa... les tiene miedo a Ricardo y a esta gente.

POR LA PUERTA APARECE LINA.

ADELA
(AL VERLA) Bueno, te llamo más tarde... llegó Lina y tengo que servirle el almuerzo. **(P) (TR)** Si ahora soy yo sola... **(BAJA LA VOZ)** Nanda ahora trabaja en un banco... ahora es cajera **(33)** Todo está al revés en este país... **(DISIMULA)** Lina te llamará luego. ¡Chao!

LINA
¿Quién era?

ADELA
Marina **(34)** ya lo tienen todo listo... se van el viernes, me llamó para despedirse de nosotros.

LINA
Hazlo por mí.

ADELA
¿No te vas a despedir de ella, ni de Juan **(35)** nuestros mejores amigos?

LINA
No puedo mamá... ellos se van del país...

ADELA
Lo mismo que podríamos hacer nosotras si no te empecinaras en seguir viviendo aquí entre la chusma y la mediocridad.

LINA
¡Mamá por favor!, la revolución es justa...

ADELA
¿Justa? Justa y le roba las propiedades a uno para vendérselas a otros... Justa y está dividiendo a familias y a los amigos... **(TR)** Mira Lina, tu padre siempre me decía que el comunismo era terrible.

LINA
Esta revolución no es roja... hasta Fidel mismo lo ha dicho... es verde como las palmas.

ADELA
Está bien no voy a discutir contigo... ya lo veremos... sólo te voy a decir esto. El otro día, fui a Muralla **(36)** a comprar un pasa-cinta para reparar una bata cubana de las tuyas... y allí hablé con el polaco **(37)** al que siempre le compro esas cosas... ¿y sabes lo que me dijo?..: Que esto mismo había pasado en su país... y que toda su familia se había tenido que ir. Y que ahora... no esperaba más, que se largaba de aquí con toda su gente.

LINA
Histeria colectiva... la idiosincrasia nuestra no admite el comunismo... nosotros somos católicos, no vamos a aceptar semejante cosa... ya lo verás.

ADELA
Estás repitiendo la misma cantaleta que dice el desgraciado ese de tu ex-marido...

LINA
¡Mamá por favor!

ADELA
(SUSPIRA HONDO) Está bien... ojalá me equivoque... pero por lo que más quieras llama a Marina y a Juan y despídete de ellos.

LINA
Está bien... buscaré el momento.

ADELA
(MIRANDO LA HORA) Eh, pero y eso que has venido tan temprano. ¿No hubo ensayo?

LINA
Sí.

ADELA
¿Qué pasó?

LINA

Que llegué tarde y Ricardo me dijo que me fuera... y me dijo cuarenta cosas.

ADELA

Ese hijo de....

LINA

¡Mamá!

ADELA

¡Le deseo lo peor... lo peor del mundo!

LINA

Por Dios, no sé como puedes hablar así siendo como eres tan religiosa.

ADELA

(TR) Es verdad... es que me saca de quicio... me ciego al ver lo canalla y degenerado que es ese hombre... nunca me arrepentiré lo suficiente el habértelo metido por los ojos.

LINA

Son cosas que pasan... **(CON CIERTA MELANCOLÍA)** Ricardo me ayudó mucho en mí carrera... esa es una realidad que no se puede ocultar; su dirección, su constancia y su talento han sido decisivos para mí como actriz.

ADELA

Por eso ahora no puedes dejar de entrenar. **(TR)** Sí finalmente decides quedarte tienes que seguir preparándote.

LINA

Mañana empiezo las clases de esgrima.

ADELA

Y los fines de semanas tienes que continuar las de equitación y las de voz y dicción.

LINA

Y las de expresión corporal y danza.

ADELA
Tienes que hacer más deportes, nadar y correr diariamente. Para una actriz su cuerpo es su instrumento de trabajo... tienes que tenerlo engrasado y listo para actuar.

LINA
Voy a matricular en la Universidad un curso de teatro griego.

ADELA
¿En qué tiempo? Tienes radio por la mañana, ensayos por la tarde.

LINA
No sé... Tendré que buscarlo.

ADELA
Esta bien... Eso es cultura... Yo te ayudaré. Tienes que aprender ahora más... mucho más... Ricardo cumplió una etapa en tu vida... pero tú sola sin la "muleta" de él vas a llegar a donde las dos siempre hemos soñado. **(LA ABRAZA)** ¿Y por qué no?... hasta rehacer tu vida... encontrar un hombre que te quiera y que sepa apreciar tu talento y maestría... un hombre que este a tu nivel, para que te ayude a llegar al pináculo de la gloria que te mereces.

SONIDO: TEMA MELANCÓLICO.

LINA
(CON LÁGRIMAS EN LOS OJOS) ¡Necesito cariño... amor... estoy muy sola mamá... muy sola!

ADELA
¡Un hombre... Bueno... Que te ayude... El pináculo... La gloria!

APAGÓN.

CUANDO SE ENCIENDEN LAS LUCES LA ESCENA APARECE DESIERTA, UNA DÉBIL LUZ DE ENSAYO ILUMINA EL ESCENARIO.

POR UN EXTREMO ENTRA SILENCIOSAMENTE LINA. SU AIRE ES ABATIDO Y CANSADO. VISTE ALGO MÁS DESCUIDADA. SOBRE LA MESA COLOCA UN BOLSO DE ENSAYO, SACA EL GUIÓN, UN BOTE DE CREMA Y COMIENZA

A APLICARSE MECÁNICAMENTE EN CODOS Y LAS ZONAS DE LOS OJOS. MIENTRAS SE SIENTA, HACE EJERCICIOS DE VOCALIZACIÓN A LA VEZ QUE REPASA EL GUIÓN.

ENTRA ALBERTO QUE TAMBIÉN TIENE UNA MOCHILA DE ENSAYO. SU ASPECTO ES RADIANTE, TRIUNFADOR.

ALBERTO
(**ENTUSIASTA**) Buenas noches Lina.

LINA
Buenas noches. (**POR EDUCACIÓN**)

ALBERTO
¿Ya te sabes la letra?

LINA
Sí.

ALBERTO
Yo creo que también. (**TR**) Por los pasillos se dice que tú te sabes la letra desde el primer ensayo.

LINA
¡Sí! (**TR**) Debo pedirte disculpas por el incidente del otro día.

ALBERTO
No te preocupes.

LINA
(**EN LO SUYO**) No había podido hablarte porque Ricardo siempre está presente... y no nos hemos visto en los estudios... ¿haces radio?

ALBERTO
Sí. Pero no hemos coincidido en las grabaciones.

LINA
Es que yo no hago radio aquí. En la separación que hicieron de los actores, yo caí en Radio Progreso (**38**)

ALBERTO

No lo sabía... recuerda que soy nuevo. Y ahora es que me están empezando a dar algunos papelitos en las novelas y los espacios de radio.

LINA

Lo que pasó fue muy desagradable... **(TR)** Yo sé que él tiene razón, porque no hay motivos para llegar tarde... pero mi madre tuvo una crisis de nervios y no podía dejarla sola.

ALBERTO

¿Por qué no se lo dijiste?

LINA

Hubiera sido inútil. ¡Tampoco le hubiera importado!

ALBERTO

(P) Ricardo y tú... estuvieron casados. ¿No?

LINA

Estamos casados... pendientes del proceso de divorcio.

ALBERTO

(P) Discúlpame, no lo sabía... me dijeron algo... pero creí que ya...

LINA

Tú acabas de llegar y no tienes por qué estar al tanto de todo esto que es tan molesto.

ALBERTO

Me imagino... y sobre todo para ti.

LINA

Por eso mi mamá se puso tan mal... porque ella no quería que yo aceptara este papel.

ALBERTO

La entiendo... es muy violento trabajar con una persona con la cual se ha tenido una relación y...

LINA

Quizá con otra persona no sea igual... pero con Ricardo es terrible, sobre todo cuando juró que nunca mas trabajaría conmigo.

ALBERTO

Pero, ¿por qué? Nadie pone en duda tu calidad como actriz. Tienes nombre, prestigio, eres de las grandes de antes de la revolución... y te has quedado.

LINA

Es un poco largo de contar y no viene al caso. **(TR)** El sabe que toda la vida suspiré por hacer "Yerma" es la única obra que me falta por interpretar de Lorca. **(TR)** Lo que no entiendo es por qué me ha llamado... habiendo otras actrices.

ALBERTO

Le gustarás más para el papel que las otras.

LINA

¡No! Lo conozco bien... ese no es el motivo.

ALBERTO

De cualquier manera, es una oportunidad de realizarte en ese papel. ¿No?

LINA

Sí, claro.

ALBERTO

Tienes que verlo de esa manera, y pasar por alto las diferencias personales entre ustedes.

LINA

(SONRÍE) Eso se dice fácil, pero piensa que en este momento nuestra vida se paralizó. Yo me iba a México a hacer una película.

ALBERTO

¿De veras? ¿Cuándo te vas?

LINA

Perdí el contrato.

ALBERTO

Pero, ¿por qué?

LINA

Porque no llegué a tiempo para las pruebas.

ALBERTO

¿Qué te pasó?

LINA

Todo coincidió con el triunfo de la revolución... todo se detuvo, con el desorden de los primeros días... después, el Consejo de Cultura no me dió el permiso. Creyeron que me iba a quedar. No dudo que él haya tenido que ver en todo eso.

ALBERTO

¿Ricardo?

LINA

Sí.

ALBERTO

Desde entonces ya tenían problemas.

LINA

Sí. El quería ser el director de...

RICARDO ENTRA SEGUIDO POR ROMMY QUE ES QUIEN TRAE EL PORTAFOLIO.

RICARDO

¿Pasando letra?

ALBERTO

(RÁPIDO) ¡Sí!

RICARDO

Que bueno. Me alegro. Hoy vamos a tener grandes progresos entonces. Rommy prepara la escena que empezamos enseguida.

ROMMY PRESUROSO COLOCA UNA SILLA EN EL CENTRO DE LA ESCENA.

ROMMY

¿Qué tal Lina?

LINA

(SECA) ¡Hola! (VA AL CENTRO)

ROMMY
(MIRA A ALBERTO Y LE GUIÑA UN OJO) ALBERTO LE CONTESTA EL SALUDO CON LA CABEZA, MIENTRAS OCUPA SU LUGAR.

RICARDO
SE SIENTA EN LA SILLA DE DIRECTOR QUE LE PREPARA ROMMY JUNTO A LA MESA. SU VOZ ES MANDATORIA Y DESAGRADABLE EN LA ORDEN.
Preparados... ¡Acción!

ILUMINACIÓN: BAJA LA INTENSIDAD.

LINA-YERMA
¿Por qué duermes solo, pastor?
en mi colcha de lana
dormirías mejor.
Tu colcha de oscura piedra, pastor,
y tu camisa de escarcha, pastor,
juncos grises del invierno
en las noches de tu cama.
Los robles ponen agujas, pastor,
debajo de tu almohada, pastor,
y si oyes voz de mujer
es la rota voz del agua pastor,
¿pastor que quiere el monte de ti, pastor?
¡Monte de hierbas amargas!
¿Qué niño te está matando?
¡La espina de la retama!

ILUMINACIÓN: SE ENCIENDE LA LUZ DONDE ESTA VÍCTOR CON LA GUITARRA.

SONIDO: PLAY BACK VÍCTOR. (CANTA LA VERSIÓN MUSICALIZADA DE LOS VERSOS)

CUANDO TERMINA VÍCTOR LA CANCIÓN, LINA ENTRA EN EL HAZ DE LUZ DE VÍCTOR.

LINA-YERMA
Pastor...

ALBERTO-VÍCTOR
¿Dónde va lo hermoso?

LINA-YERMA
¿Cantabas tú?

ALBERTO-VÍCTOR
No.

LINA-YERMA
(SONRIE) Nunca te había sentido.

ALBERTO-VÍCTOR
¿No?

LINA-YERMA
Tu voz parece un chorro de agua que te llena toda la boca.

ALBERTO-VÍCTOR
Soy alegre.

LINA-YERMA
(ASIENTE)

ALBERTO-VÍCTOR
Como tu triste.

LINA-YERMA
Soy triste, es que tengo motivos para estarlo.

ALBERTO-VÍCTOR
Y tu marido más triste que tú.

ILUMINACIÓN: CAE LUZ CENITAL SUAVE SOBRE RICARDO.

LINA-YERMA
Él si tiene un carácter seco.

ALBERTO-VÍCTOR
Siempre fue igual ¿Viniste a traerle la comida?

LINA-YERMA
Sí. **(LO MIRA)** ¿Qué tienes ahí?

ALBERTO-VÍCTOR
¿Dónde?

LINA-YERMA
(SE LE ACERCA) Aquí en la mejilla, como una quemadura.

SONIDO: DESTACA TEMA GUITARRAS.

ALBERTO-VÍCTOR
(ACARICIÁNDOLE LA MANO) No es nada.

LINA-YERMA
Me ha parecido…

ALBERTO-VÍCTOR
Debe ser el sol...

LINA-YERMA
(ASIENTE) ¿Oyes?

ALBERTO-VÍCTOR
¿Qué?

LINA-YERMA
¿No sientes llorar?

ALBERTO-VÍCTOR
No.

LINA-YERMA
Me había parecido que había llorado un niño.

ALBERTO-VÍCTOR
¿Sí?

LINA-YERMA
Muy cerca y lloraba como ahogado.

ALBERTO-VÍCTOR
Por ahí hay siempre muchos niños que vienen a robar frutas.

LINA-YERMA
No, es la voz de un niño pequeño.

ALBERTO-VÍCTOR
No oigo nada.

LINA-YERMA
Serán ilusiones mías. **(CASI LO BESA)**

ALBERTO-VÍCTOR
(DESVÍA LA VISTA CON EL ÚLTIMO ACORDE)

RICARDO
¡Que haces aquí todavía! **(TR)** Dice el Juan entrando. **(RICARDO VA A ELLOS.)** ¡Corten!

ILUMINACIÓN: VUELVE A LA DEL ENSAYO.

LINA Y ALBERTO SALEN DE LOS PERSONAJES.

ROMMY
¡La escena es preciosa!

RICARDO
Cállate Rommy, no he pedido tu opinión. ¡Limítate a seguir la letra!

(SE HACE UN PESADO SILENCIO)

LINA
Puedo beber un poco de agua.

RICARDO
No, vamos a pasar otra vez la escena. Vamos al momento en que ella le toca la mejilla. Vamos...

LINA Y ALBERTO VUELVEN A LA ESCENA Y RETOMAN LOS PERSONAJES.

RICARDO

¡Acción!

LINA-YERMA

¿Qué tienes ahí?

RICARDO

Tú estás loca por tirarte encima de él y besarlo y poseerlo... y eso no se ve por ninguna parte...

ALBERTO-VÍCTOR

No es nada.

RICARDO

Tú también quisieras abrazarla, tirarla en el suelo y romperle la ropa para hacerla tuya.

LINA-YERMA

Me ha parecido.

RICARDO

Eso se lo dices desde aquí... **(SE SEÑALA LA PELVIS)** ¿Porque esperabas otra reacción de él?

ALBERTO-VÍCTOR

Debe ser el sol...

RICARDO

Al Víctor el corazón se le quiere salir del pecho. Yerma es la tierra y Víctor es la lluvia, el agua fecunda que debía inundarla... traspasarla.

LINA-YERMA

(ASIENTE) ¡Sí!

RICARDO

¡Corten! A partir de este instante, vamos a romper con la realidad. Desde ese momento Yerma dará rienda suelta a lo que tiene en su cabeza, saldrá a flote lo que tiene aquí dentro, su instinto, su fuego, su hambre de amor y sexo. Tiene que ser auténtica y tú tienes que darlo.

LINA

Pero... ¿en qué momento?

RICARDO
A partir de qué le dices... *¿Oyes?*

ALBERTO
¿Y Víctor como reacciona?

RICARDO
Esta escena es mucha pasión, de mucho deseo contenido. Víctor y Yerma son viscerales en estos breves minutos en que están juntos, ambos se dejan llevar por los latidos del corazón y los sentidos... Son lo que son en realidad, hembra y macho, libres de prejuicios, de convenciones, de hipocresías. Es una escena con una gran carga erótica, donde no se hace lo que se piensa, ni se dice lo que se siente. Donde la lujuria y el hambre de sexo tienen que salir a flote por los poros, por los ojos, por la boca, con el olor a cama húmeda, sed de saliva y lágrimas de placer que cada uno de los dos lleva dentro.

LINA
¡Libres de Juan!

RICARDO
(**IMPERSONAL**) Libres de Juan.

RICARDO
(**CONFIRMANDO**) Libres de Juan.

ALBERTO
¿Víctor también?

RICARDO
¡Víctor también!

LINA
¿Hasta cuando quieres todo eso?

RICARDO
Hasta la entrada de Juan.

ALBERTO
Y lo quieres con expresión corporal.

RICARDO

Quiero que lo den con todo... Es que no me has entendido... Lo quiero con los ojos, con las manos, con la mente, con los sentidos... hasta las uñas de los dedos tienen que transmitir el deseo y la pasión que los rompe por dentro, como si fueran dos volcanes en erupción. **(EL PAROXISMO DE LA EXCITACIÓN)** ¿Está claro?

(LINA Y ALBERTO MIRÁNDONSE A LOS OJOS ASIENTEN)

RICARDO
(VUELVE A SU LUGAR) Comencemos cuando ella le toca la mejilla. Preparados... ¡acción!

ILUMINACIÓN: CAE LUZ SOBRE ELLOS. (EN LA MEDIDA QUE LA ESCENA SE VUELVE MÁS SENSUAL, LA LUZ ADQUIERE UN TONO ROJIZO)

YERMA
(MIRANDO A VÍCTOR) ¿Qué tienes ahí?

VÍCTOR
¿Dónde?

YERMA
(LE TOCA LA MEJILLA) Aquí en la mejilla, como una quemadura.

SONIDO: TEMA DE GUITARRAS. SENSUAL.

VÍCTOR
No es nada.

YERMA
Me ha parecido.

VÍCTOR
Debe ser el sol...

YERMA
(ASIENTE) Sí... oyes.

COMIENZA, CON GRAN SENSUALIDAD, LA EXPRESIÓN CORPORAL.

ILUMINACIÓN: COMIENZA A TEÑIRSE DE ROJO.

VÍCTOR
¿Qué?

YERMA
No sientes llorar.

VÍCTOR
No.

YERMA
Me había parecido que había llorado un niño.

VÍCTOR
Sí.

YERMA
Muy cerca. Y lloraba como ahogado.

VÍCTOR
Por aquí hay siempre muchos niños que vienen a robar frutas.

YERMA
No. Es la voz de un niño pequeño.

VÍCTOR
(PAUSA) No oigo nada.

YERMA
Serán ilusiones mías.

SONIDO: CESA LA MÚSICA

ILUMINACIÓN: SE CONCENTRA EN LOS DOS.

RICARDO
(EMOCIONADO, SU TONO DE VOZ ES DISTANTE Y AJENO)
¿Qué haces aquí todavía? dice Juan...

(LINA Y ALBERTO SE SEPARAN SIN DEJAR DE MIRARSE A LOS OJOS)

ROMMY
(APLAUDE ENTUSIASMADO)

RICARDO
¡Corten!

SONIDO: CORTA MÚSICA.

APAGÓN.

CUANDO SE ENCIENDE NUEVAMENTE LA ZONA DEL ESTUDIO. ENTRA ADELA VISIBLEMENTE ANSIOSA. VISTE DESCUIDADAMENTE, TRAE EN LA MANO UNA JAVA DE PAPEL DOBLE DEJANDO VER ALGUNAS VERDURAS Y ALIMENTOS. ADELA MIRA BUSCANDO EN EL INTERIOR, DEJA LA BOLSA EN UN LUGAR Y ACERCA UNA SILLA SENTÁNDOSE. ESTÁ IMPACIENTE.

ENTRA ROMMY VESTIDO DE MILICIANO, OBVIAMENTE VIENE COMO SIEMPRE CON EL PORTAFOLIO DE RICARDO.

ROMMY
(AL VER A LA MUJER SE TURBA UN POCO) Adela... no la esperaba.

ADELA
Pues ya ves... aquí estoy.

ROMMY
No sé como la dejó pasar el miliciano **(39)** de la puerta.

ADELA
No te olvides que yo soy, todavía, la madre de Lina del Valle, y a pesar de la revolución... Mi hija es la primera actriz de este país.

ROMMY
(NO QUIERE DISCUTIR) (BAJA LA CABEZA)

ADELA
A pesar del comunismo y de los barbudos, Lina es la primera.

ROMMY
¿Vino a decirme eso?

ADELA
No. Vine a hablar con Ricardo antes que llegue Lina.

ROMMY
Escogió un mal lugar, si Ricardo quiere la puede mandar a sacar del edificio.

ADELA
No lo hará, no te preocupes. No le conviene.

ROMMY
Supongo que no irá a dar un escándalo.

ADELA.
Yo soy una señora Rommy... No lo olvides, no somos iguales.

ROMMY
Voy a avisarle que usted está aquí.

ADELA
¡No, espera! Quiero decirte dos cosas que tengo aquí adentro desde hace mucho tiempo y no te las había podido decir. **(PAUSA)** Eres un cobarde traidor... un sucio mariquita que se aprovechó de mi hija para meterte en su casa y al final acostarte con su marido.

ROMMY
Adela yo...

ADELA
También sé de la pata que cojea "el director". **(P)** Los dos son igualmente despreciables. Pero lo segundo que quiero decirte es que ni la revolución... ni el traje de miliciano, ni el haberte acostado con Ricardo Sotolongo te van a servir de nada, porque nunca serás más de lo que eres... ¡un mediocre lleva y trae!

ENTRA RICARDO, VE A ADELA Y RÁPIDO SE DIRIGE A ROMMY.

RICARDO
Rommy, ve al cuarto de directores en el tercer piso y trae la cinta con la música que dejé en mi escritorio. **(LE ENTREGA LLAVES)**

ROMMY SALE EN SILENCIO.

RICARDO
(ENCAMINÁNDOSE A LA MESA Y SACANDO EL GUIÓN, ETC.) ¿A qué has venido?

ADELA
Supondrás que no vine a verte la cara, ¿no?

RICARDO
Me imagino. (TR) Tengo poco tiempo. Los actores vendrán en media hora. Incluyendo a tu hija.

ADELA
Con treinta minutos me sobra tiempo para todo lo que te quiero decir y algo más.

RICARDO
Me alegro mucho. (SE SIENTA)

ADELA
(SE MANTIENE DE PIE TODO EL TIEMPO) No creas que porque las circunstancias de la vida le jugaron una mala pasada a Lina y no pudo ir a México a hacer la película...

RICARDO
Las circunstancias no. ¡La revolución!

ADELA
Llámalo como quieras. Sé que tienes que estar contentísimo. ¡Tú no fuiste... pero ella tampoco! En esta primera partida del juego, aparentemente ganaste. Pero no hemos terminado Ricardo Sotolongo. Estamos empezando.

RICARDO
Ten cuidado Adela. El terreno está mojado y te puedes caer arrastrando a tu hija hacia la más terrible derrota.

ADELA
Mi hija nunca se verá derrotada (al menos mientras yo viva) porque es una estrella.

RICARDO

Creo innecesario recordarte quién fabricó esa estrella. ¡Quién la hizo brillar!

ADELA

No me interesa discutir contigo. No vine a eso. Sólo te vine a decir que te olvides de Lina, cuando se termine el divorcio, bórrala de tu mente, hazte la idea de que no existe, como persona ni como actriz, porque nunca más actuará bajo tu dirección. **(TR)** ¡No te digo que la olvides como mujer... porque en ese sentido es obvio, que no te interesa, ni te interesó jamás!

RICARDO

¿Ya terminaste?

ADELA

No. ¡Todavía "director"! **(TR)** Mi hija ahora está ensayando "Yerma" contigo... sé perfectamente que la estás acosando, humillando, tratando de desestabilizar, haciéndole creer que no saca el personaje, montándole una cosa hoy y otra mañana.

RICARDO

Lamento mucho que "tu estrella" sea tan limitada que no entienda mis indicaciones.

ADELA

Nada de eso me preocupa, porque el talento de Lina superará tu atormentada dirección y creará una Yerma memorable. **(TR)** Te conozco perfectamente Ricardo, sé la clase de reptil que eres... Conozco tus planes, tus intenciones, le estás metiendo por los ojos a mi hija, a ese actorzuelo, a ese mediocre sin nombre, a ese semental desconocido para que Lina caiga en el anzuelo movida por los sentidos que "provocas" morbosamente en la escena. ¿Quién sabe? si con el enfermizo deseo de verte "tú" en el personaje de Yerma, en los brazos del Víctor.

RICARDO

Me asombra lo bien que me conoces.

ADELA

No te lo puedes imaginar. Yo se bien que sabes perfectamente la necesidad que tiene mi hija de amor, cariño, pasión, sexo y... de un hombre que sepa transportarla a los laberintos del placer que tú, naturalmente, nunca pudiste ni siquiera llevarla de paseo... por obvias razones.

RICARDO

Me maravilla tu agudeza... ¡Suegra!

ADELA

Recuerda todo cuanto te he dicho Ricardito... puedo leer en tu sucio cerebro. **(P)** ¡No te lances, porque tu final va a ser terrible!

RICARDO

¡Me estás amenazando! ¿Qué, me vas a matar?

ADELA

No. Mis manos no se mancharán jamás con tu despreciable sangre.

RICARDO

Me tiene sin cuidado lo que digas o lo que pienses Adela y mucho menos lo que hagas.

ADELA

Estamos en igualdad de condiciones. Pero sólo quiero que recuerdes este último detalle. Ni vas a traumatizar a Lina con tu dirección enloquecida, ni vas a aniquilarla como actriz, ni la vas a "enredar" con tu actorcito... porque Lina va a empezar su carrera cinematográfica muy pronto fuera de este país...

RICARDO

(RÍE).

ADELA

Ríete cuanto quieras. Porque para lograr eso y más, estoy yo. **(TR)** **(SUAVIZANDO EL TONO CASI MATERNAL)** No te interpongas en el camino de Lina, Ricardo Sotolongo... Apártate... tu tejado es de vidrio fino... muy fino... y se puede "partir" de solo mirarlo. **(TR)** No te conviene... estos barbudos son "terriblemente machistas" y ahora todos trabajamos para ellos, y yo puedo declarar que mi hija tuvo que divorciarse de ti: del famoso "director" porque lo encontró en la cama con su propio secretario.

RICARDO

¡Eres una hija de puta!

ADELA

(ASIENTE) Jugamos en la misma novena Ricardo. ¡Apártate de Lina y no insistas en destruirla porque yo no voy a permitirlo!

APARECE ALBERTO EN ESCENA Y OYE EL FINAL. RICARDO LO MIRA.

ADELA SE DA CUENTA QUE ALGUIEN LLEGÓ Y MIRA.

ADELA
(**PAUSA**) ¡Buenas noches... "compañero director"!

MUTIS DE ADELA.

RICARDO
(**REPONIÉNDOSE**) ¡Adelante!

ALBERTO
Discúlpeme Ricardo... no sabía que estaba ocupado.

RICARDO
No tiene importancia. Tan pronto llegue Lina empezamos el ensayo.

ALBERTO
Lina está ahí afuera. Pero antes que comencemos a ensayar quisiera hablar dos palabras con usted.

RICARDO
(**CON VELADA INTENCIÓN**) Por favor Alberto, trátame de tú... me haces sentir más viejo de lo que soy.

ALBERTO
¡Oka! (**TR**) Este lunes ya salimos al aire.

RICARDO
Sí, por cierto que logré que tomen un kinescopio (**40**) de la obra, así que podremos verla después.

ALBERTO
¡Fantástico! (**TR**) Pero no es en relación a eso de lo que te quiero hablar. (**PAUSA**) Se trata de Lina.

RICARDO
¿No te sientes cómodo en alguna escena con ella?

ALBERTO
No... no es eso. **(PAUSA)** Ricardo, yo sé que Lina y tú... no han terminado el proceso del divorcio. **(PAUSA)** Y no quiero que te vayas a enterar por un pasillo del ICR **(41)**... que Lina y yo... estamos saliendo juntos.

RICARDO
(SE SORPRENDE LIGERAMENTE, PERO RÁPIDAMENTE SE REPONE) ¡Vaya!

ALBERTO
No soy hombre de hacer las cosas por detrás... **(PAUSA)** Lina y yo, nos hemos enamorado... y posiblemente cuando ustedes se divorcien esperaremos unos meses para después casarnos. ¡Eso es lo que quería decirte!

LINA
(ENTRANDO RADIANTE EN ESCENA) ¿Empezamos el ensayo, director?

APAGÓN.

CUANDO SE ILUMINA LA SALA DE LA CASA DE LINA. HAY ALGUNOS MUEBLES EN MAL ESTADO. YA SE APRECIA EL PASO DEL TIEMPO Y LA CARENCIA DE MATERIALES PARA REPARAR LO QUE SE HA DETERIORADO.

ADELA
Alberto... ¿cuándo te dijo Lina que vendría a comer?

ALBERTO
(OFF) No me dijo hora Adela, ya usted sabe que cuando se reúne con su colectivo de estudios no tiene para cuando acabar.

ADELA
(CASI PARA TI) ¿No sé para qué matriculó Historia del Arte en la Universidad? Como si la historia se comiera.

ALBERTO
(OFF) Como quiera que sea, es un título Adela.

ADELA
Sí, pero en este país los títulos no dan nada... al contrario. Todo lo que le ha dado la revolución a Lina es... **(SE CONTIENE)** mejor que me calle... que ni en la casa de uno se puede hablar.

ALBERTO
(ENTRANDO) No se ponga así vieja, que se nos va a enfermar del hígado.

ADELA
¿Más? ¡Nunca me arrepentiré lo suficiente por no haberme puesto en mis trece y haber arrancado con ella fuera de aquí, como hicieron tantos a tiempo!

ALBERTO
(CASI HACIENDO UN CHISTE PARA SUAVIZAR) Sí Lina se hubiera ido, no nos hubiéramos conocido.

ADELA
(LO MIRA. Y PIENSA: "TOTAL")

ALBERTO
(COMPRENDE LA INTENCIÓN DE ADELA) Yo la entiendo Adela, pero Lina y yo somos felices, nos queremos.

ADELA
(NO QUIERE SEGUIR POR ESE CAMINO) Está bien... **(SUSPIRA)** voy a ver que invento en la cocina, para cuando llegue.

ALBERTO
Yo me voy que tengo ensayo de "Aventuras" **(42)** y no quiero llegar tarde...dígale a Lina que no me espere, que empato después, ensayo de Teatro ICR **(43)**...

ADELA
...con Ricardo Sotolongo.

ALBERTO
¡Sí! y luego con la guardia... así que llegaré por la madrugada.

ADELA
¿Y qué vas a comer?

ALBERTO
No se preocupe... unas croquetas "plásticas" (**44**) o a lo mejor me pongo dichoso y ligo un turno para "La Roca" (**45**) o para el "Polinesio" (**46**).

ADELA
(**RESIGNADA**) ¡Está bien!

MUTIS DE ALBERTO.

ADELA
(**CUANDO SE QUEDA SOLA**) ¡Dios mío! ¡Que vida la de Lina, que vida la de mi hija!

ADELA AVANZA HACIA LA PUERTA Y SE CERCIORA QUE ALBERTO HA SALIDO. AVANZA. SACA UN LLAVERO CON VARIAS LLAVES Y ABRE UN MUEBLE.

VEMOS EN SU INTERIOR ATRIBUTOS DE SANTERÍA. UN ELEGUÁ, LOS JIMAGUAS, UNA SOPERA BLANCA, UN CALDERO CON LOS GUERREROS, VARIAS ASISTENCIAS CON AGUA. CRUCIFIJO. PIEDRAS, CARACOLES, COLLARES, ETC. UN MUÑEQUITO BLANCO DE TRAPO ATRAVESADO CON MUCHOS ALFILERES Y CON LOS OJOS TAPADOS CON UN PAÑUELO NEGRO; OBVIAMENTE "UN TRABAJO MATERIAL" A RICARDO. UN TABACO, UNA BOTELLA DE AGUARDIENTE. CASCARILLA, VELAS, UNA JICARITA.

SONIDO: MÚSICA AFRO.

ADELA
(**CLAVANDO MAS ALFILERES AL MUÑEQUITO DE TRAPO**)
¡Maldito y mil veces maldito Ricardo Sotolongo! Usas en todas tus obras a este pobre diablo, que quiere "llegar" a toda costa y tratas de indisponerlo con Lina, porque sabes que es el macho que la está haciendo feliz. (**TR**) Eleguá (**47**) mi padre, ayúdame. Haz que Lina mi hija despierte. Todavía estamos a tiempo para podernos ir. Obatalá, Virgen de la Mercé mi madre pon tu manto blanco por encima de mi hija, para que este degenerado no me le haga más daño. (**ENCIENDE TABACO**) Yemayá (**48**) abre el mar para que Lina pueda viajar... que le den una película en el ICAIC (**49**) para que la manden por esos mundos, para que se quede en cualquier país... (**TR**) a mí no me importa quedarme aquí... el caso es que ella salga... (**SOPLA AGUARDIENTE A UNA CARTA**) Ella es la que se

tiene que ir... la que se tiene que salvar... Virgencita de Regla... tienes que ayudarme... **(SOPLA HUMO DE TABACO A LA CARTA)** Esta carta tiene que llegar a las manos de la madrina de Lina... ella la puede ayudar cuando vaya, aquí se lo digo... se lo imploro... que haga algo por sacármela de este infierno. **(SOLLOZA)** Yo sé que ustedes me van a ayudar, como me están ayudando con el degenerado ese de Ricardo que ya no la dirige desde que se casó con este muchacho... pero me lo está embaucando a él que no es malo, que por lo menos es macho... pero no es hombre para mi Lina... para una estrella. **(TR)** Búsquenle un hombre de la "altura de ella"... aunque sea un ruso, pero no un verde olivo, **(50)** ni un comunista... un extranjero: chino, blanco o negro me da lo mismo... pero un extranjero que me la saque de aquí...

LINA
(OFF ENTRANDO HACE RUIDO)

ADELA
(APAGA TABACO) Los dejo que ahí llegó ella y después me pelea porque hablo con ustedes. **(CIERRA LA PUERTECITA)**

LINA
(LOGRA VER EL FINAL DE LA OPERACIÓN DE ADELA, PERO SE HACE COMO SI NO LA VIERA) Estoy agotada, me voy a bañar.

ADELA
Todavía no ha venido el agua... Alberto se bañó con un cubo que yo le recogí.

LINA
¿Ya se fue?

ADELA
Sí, el pobrecito tenía "Aventuras", y después empata con ensayo del... Teatro ICR y luego guardia **(51)**... ¡Está completo!

LINA
Me voy a tirar un rato. Cuando venga el agua avísame. Tengo que seguir estudiando, mañana tengo exámenes en la Universidad.

ADELA
Tengo ganas que te gradúes y te quites eso de arriba... total... para la leche que da la vaca...

LINA

(SOLLOZA)

ADELA

¡Lina! ¡Hija! ¿Qué te pasa?

LINA

¡Mamá..!

ADELA

¿Qué pasó muchacha? ¿Por qué te has puesto así?... ¿Alberto te ha hecho algo?

LINA

(NIEGA) ¡No!.. no es eso...

ADELA

¿Y entonces qué es?

LINA

(SOLLOZA) Me quitaron el programa de radio.

ADELA

¿Cómo?

LINA

(LE DA PAPEL) A partir de esta semana el programa que he venido haciendo hace tantos años, lo sacan del aire.

ADELA

¡Pero hasta donde te van a llevar esta gente! ¡No te acaban de dar una película! ¡No consideran la estrella que fuiste, que eres! ¡Te tienen haciendo esos horribles papeles en las Aventuras y encima te quitan el programa de radio! ¡Tienes que ir a ver al que sea! ¡Esto no se puede quedar así!

LINA

(DERROTADA) No hay nada que hacer.

ADELA

Pero el sueldo se te queda igual.

LINA
(NIEGA) Me lo rebajan.

ADELA
Te rebajan el sueldo... (TR) Pero son tan hijos de puta que encima de que tú misma te rebajaste quinientos pesos cuando triunfó esta maldita revolución, ahora ellos te lo rebajan ellos aún más...

LINA
(ASIENTE LLORANDO)

ADELA
¿Y cuánto te han rebajado?

LINA
Quinientos pesos...

ADELA QUEDA ANONADADA.

LINA
Tú tenías razón... pero ya es tarde.

ADELA
No... no es tarde... todavía podemos irnos.

LINA
¡No... (LLORA) ya no puedo... no puedo! (SOLLOZA)

APAGÓN.

CUANDO SE ENCIENDE LA ESCENA HAN PASADO CINCO AÑOS. RICARDO Y ROMMY SENTADOS JUNTO A LA MESA DE ENSAYO TRABAJAN UNA OBRA.

RICARDO
¿Ya entregaste el pedido de escenografía y talento?

ROMMY
(MOLESTO) ¿Cuántas veces quieres que te lo diga?

RICARDO
(SIN PRESTARLE ATENCIÓN) ¿A qué hora tenemos el ensayo?

ROMMY
A las siete. **(TR)** Ricardo no me has contestado lo que te pregunté anoche.

RICARDO
(ÍDEM) ¿Qué hora es?

ROMMY
Las seis. **(TR)** ¿Oíste lo que te dije Ricardo?

RICARDO
(ÍDEM) Te oí. Dame las copias de los libretos.

ROMMY
(MONTANDO EN CÓLERA) TIRA TODOS LOS LIBRETOS Y PAPELES AL PISO) No te doy nada... ¿Contéstame lo que te pregunté?

RICARDO
¡Recoge todo eso!

ROMMY
No recojo nada... ¡contéstame!

RICARDO
(VIOLENTÁNDOSE) No lo voy a hacer... ¡No... no... y no! **(LO MIRA EN SILENCIO)**

ROMMY
Eres un sucio envidioso... sabes que tengo talento para dirigir... te lo he demostrado... sabes que puedo adaptar cualquier obra y más aún... puedo escribir cosas originales... por eso no quieres que pase ese curso de guionistas y directores que están organizando en la escuela de capacitación. **(52)**

RICARDO
¡Cállate!

ROMMY
¡No te conviene que sepan que yo soy quién hago las adaptaciones de tus obras y que tú las firmas para cobrarlas! ¿Verdad?

RICARDO
(NERVIOSO) Te digo que te calles.

ROMMY

¡Acabaste con Lina!... destruiste su matrimonio con Alberto... y quieres acabar conmigo también... **(LLORA)** de nada le valió a Adela las brujerías que te hizo... pero no te vas a salir con la tuya Ricardo Sotolongo.

RICARDO

¡Estás nervioso Rommy, voy a suspender el ensayo!... ¡Vamos para la casa!

ROMMY

¡No me pongas un dedo encima... **(LLORANDO)** hiciste que traicionara a Lina para que la dejara, porque sabías que yo era su mano derecha, su apoyo, provocaste el idilio entre ella y Alberto, porque sabías que eso no tenía futuro!

RICARDO

Alberto es un buen actor... ¡yo también lo hice!

ROMMY

Por eso lo fabricaste... lo convertiste en tu actor preferido... mientras que a ella no la usaste nunca más.

RICARDO

Adela me prohibió que la usara.

ROMMY

¡Pero en las reuniones de directores sembraste la insidia contra ella... que si había perdido facultades, que si era una histérica, una neurótica, que si era una burguesa... una contrarrevolucionaria!

RICARDO

¡Mentira!

ROMMY

Eres un monstruo Ricardo.

RICARDO

¡Vámonos… así no podemos ensayar!

ROMMY

No... no suspendas el ensayo. Me voy para la casa, hoy ensayas sin mí.

MUTIS DE ROMMY.

RICARDO SUSPIRA HONDO Y COLOCA UNA ESTRUCTURA COMO UNA PANTALLA AL FONDO, OBVIAMENTE PARA EL MONTAJE DE ALGUNA OBRA. RICARDO TOMA DE UN COSTADO UN EQUIPO DE ILUMINACIÓN Y LO COLOCA POR UN LADO. ENTRA ALBERTO. TIENE BIGOTE. LUCE MÁS MADURO.

ALBERTO
¿No ha llegado nadie?

RICARDO
(**SONRÍE**) Tú eres el primero.

ALBERTO
Vi a Rommy ahí afuera... ¿Qué le pasa?

RICARDO
Está nervioso. No le hagas caso.

ALBERTO
Lo vi descompuesto. ¿Pasó algo entre ustedes?

RICARDO
Es un histérico.

ALBERTO
Se iba... estaba bajando las escaleras.

RICARDO
Lo nuestro se acabó.

ALBERTO
Ah... No sabía nada. Que complicada es la gente.

RICARDO
Alguna gente. No toda. (**LARGA PAUSA**) ¿Has sabido de Lina? ¿La has visto últimamente?

ALBERTO
(**LE SORPRENDE LA PREGUNTA**) ¡No!, me han dicho que no está bien de los nervios.

RICARDO

Adela la llevó a eso... ¡Hace tiempo que no trabaja! ¡Que no hace nada!

ALBERTO

Eso me dijeron.

RICARDO

La vida nos dió la razón. A mi primero... y después a ti. Lina siempre fue igual. Yerma y Juana la loca, fueron sus dos grandes personajes... las dos tenían muchos puntos de contacto con ella.

ALBERTO

Prefiero no hablar de Lina.

RICARDO

Es cierto. ¡Pero fíjate las paradojas del destino... al cabo de los años estamos en el mismo punto de partida tú y yo: los dos solos!

ALBERTO

¿Vamos a ensayar?

RICARDO

Si, vamos a hablar de Ricky... el personaje que te va a consagrar.

ALBERTO

Al fin, un Tennessee Williams. **(53)**

RICARDO

"La gata sobre el tejado de zinc caliente". **(54)**

ALBERTO

¿Qué escena vas a pasar?

RICARDO

La escena de la cama que están ellos dos solos en el cuarto y ella se le insinúa.

ALBERTO

Y él la rechaza.

RICARDO

Siempre la rechaza...

ALBERTO
Ella es como una gata en celo.

RICARDO
Y él la desprecia.

ALBERTO
Porque ella lo acosa, siempre habla de lo mismo.

RICARDO
¡Sexo... sexo... sexo!

ALBERTO
Para ella, Ricky es un gran falo.

RICARDO
Con quién mitiga el hambre y la sed.

ALBERTO
Pero Ricky ya está harto de ser usado y se revela.

RICARDO
Ricky no se revela... ¡Ricky huye!

ALBERTO
¿Por qué huye?

RICARDO
Porque teme.

ALBERTO
¿A su padre?

RICARDO
¡A todos... a la gente... a ella!

ALBERTO
Se siente solo.

RICARDO
¡Ricky no está solo... tiene a Tom su amigo!

ALBERTO
Su amigo.

ILUMINACIÓN: BAJA LA INTENSIDAD DE LA LUZ Y SE CONCENTRA EN LOS DOS.

SONIDO: TEMA DE RICARDO.

RICARDO
Tom es su apoyo. Su sostén... su creador... su realidad... su verdadera identidad.

ALBERTO
Y ella lo descubre. Descubre su fascinación por Tom.

RICARDO
¡Su amor por Tom!

ALBERTO
¿Ricky y Tom?

RICARDO
¡Se aman... se aman, Alberto!

RICARDO TRATA DE BESAR A ALBERTO.

ALBERTO
(SE ECHA HACIA ATRÁS) ¡No, Ricardo... no!

RICARDO
(LO ABRAZA) No me desprecies Alberto... han pasado muchos años... pero ya no puedo más... necesito decirte lo que siento.

ALBERTO
(TRATA DE SOLTARSE) No digas nada, trágate lo que tengas por dentro. Pero no soy igual que tú... no me importa como pienses, ni como sientas... Tú eres mi director... pero no me pongas en la disyuntiva de dejar el papel y romperte la cara. **(LO CONSIGUE Y LO EMPUJA).**

RICARDO CAE AL SUELO.

ALBERTO INICIA MUTIS.

RICARDO
(DESCOMPUESTO) (SE ABRAZA A UNA PIERNA DE ALBERTO)
¡Alberto te amo! ¡Te amo! **(TR)** ¡Alberto... por favor!

ALBERTO
(ALBERTO SE SUELTA, SIN VIOLENCIA) (LE TIENE ASCO)

RICARDO
(LLORA) Maldito, yo te hice... yo te fabriqué... **(LLORA)** ¡Todo lo que eres me lo debes a mí... a mí! **(LLORA)** ¡No me dejes... no me dejes solo! **(SOLLOZA)** ¡Te lo suplico!

MUTIS DE ALBERTO.

RICARDO
(SOLLOZA SENTADO EN LA MESA)

ILUMINACIÓN: SE ENCIENDE LA PANTALLA. SE PERFILA LA SILUETA DE ROMMY CON UN CUCHILLO.

RICARDO
(REACCIONA ANTE LA LUZ DE LA PANTALLA) ¡No Rommy! **(GRITA)** ¡No!

ILUMINACIÓN: LA PANTALLA SE TIÑE DE LUZ ROJA.

APAGÓN.

LOCUTOR (OFF)

EN LA FUNERARIA RIVERO (54) DE CALZADA Y K SE HAYA EXPUESTO EL CADÁVER DEL CONOCIDO DIRECTOR DE TV, RICARDO SOTOLONGO, SU SEPELIO SE EFECTUARÁ HOY A LAS 4 DE LA TARDE. EL COMPAÑERO SOTOLONGO SUFRIÓ UN LAMENTABLE ACCIDENTE. LA TELEVISIÓN CUBANA SIENTE LA PÉRDIDA DE TAN VALIOSO COMPAÑERO.

LA ESCENA APARECE A OSCURAS.

POR LA PLATEA AVANZA LINA. VISTE DE NEGRO.

ILUMINACIÓN: LA SIGUE UN DÉBIL RAYO DE LUZ.

SONIDO: TEMA DE GUITARRAS

LINA - YERMA

¡Ay, que prado de pena!
¡Ay que puerta cerrada a la hermosura!
Que pido un hijo que sufrir,
Y el aire me ofrece dalias de dormida luna.
Estos dos manantiales que yo tengo de leche
tibia son en la espesura de mi carne dos pulsos
de caballo que hacen latir la rama de mi angustia.
¡Ay, pechos ciegos bajo mis vestidos!
¡Ay, palomas sin ojos ni blancura!
¡Ay, que dolor de sangre prisionera me está
clavando avispas en la nuca!
¡Pero tú has de venir, amor mi niño!
¡Porque el agua da sal, la tierra fruta, y nuestro
vientre guarda tiernos hijos, como la nube lleva dulce lluvia!

(AHORA ES JUANA LA REINA DE "LOCURA DE AMOR")

ILUMINACIÓN: LA BAÑA UNA DÉBIL LUZ DESDE ABAJO.

SONIDO: FILTRA TEMA TRISTE DE LINA.

LINA - JUANA

Su cadáver es mío. ¡Quitad! ¡Apartaos! ¡Mío, nada más! ¡Le regaré con las lágrimas de mis ojos; le acariciaré con los besos de mi boca! ¡Siempre a mi lado! ¡Él muerto! ¡Yo viva! ¿Y qué? **(TR)** ¡Siempre unidos! **(BUSCA LA MUERTE)** ¡Sí, muerte implacable, burlaré tu intento! ¡Poco es tu poder para arrancarle de mis brazos! **(CAMBIANDO REPENTINAMENTE DE EXPRESIÓN Y DE TONO)** ¡Silencio, señores, silencio!... El Rey se ha dormido. ¡Silencio!... No le despertéis. **(SOLLOZA)** ¡Duerme, amor mío; duerme!... **(LLORA DESCONSOLADAMENTE)**... ¡duerme!...

ILUMINACIÓN: LENTAMENTE SE APAGAN LAS LUCES.

SONIDO: SUBE TEMA TRISTE.

FIN

Marcos Miranda

NOTAS A LA DRAMATURGIA

1 Fulgencio Batista: Presidente de la República de Cuba durante el período de 1940 al 1944. Volvió a obtener el poder en 1952 mediante un golpe de estado.

2 Juana la loca: Personaje de la obra "Locura de Amor" del español Manuel Tamayo y Baus, inspirada en los amores de Juana I de Castilla, hija de los Reyes Católicos y Felipe de Habsburgo, llamado El Hermoso; publicada en 1855.

3 Abel y Goar Mestre: Dueños de CMQ Radio y el Canal 6 de TV. Pioneros de la televisión cubana.

4 "El Encanto": Tienda por departamentos de gran fama y prestigio, dentro y fuera de Cuba. Fundada en abril de 1888 en la esquina de Galiano y San Rafael en La Habana por D. José Solís, D. Bernardo Solís y D. Aquilino Entrialgo.

5 EL Diario de la Marina, El Mundo, El País, El Excelsior, Información: Rotativos de gran circulación en la Cuba Republicana.

6 "El Carmelo": Restaurante-Cafetería de gran popularidad, localizada en el elegante barrio del Vedado.

7 "Sans Souci": Lujoso cabaret enclavado en la zona de Almendares, donde actuaron innumerables estrellas de renombre mundial y sitio obligado de todas las celebridades internacionales que visitaban la isla en la década de los 50.

8 Estudios Churrubusco: Estudios cinematográficos de gran renombre en la Época Dorada del cine mexicano, ubicados en el Distrito Federal.

9 Crusellas S. A.: Firma publicitaria de gran prestigio.

10 "Le Trianon": Famosa joyería de La Habana, símbolo de refinamiento y buen gusto.

11 "La Plaza", "Mercado Único": Centro comercial popular que agrupaba, carnicerías, verdulerías, fruterías, pescaderías y un buen número de fondas y cafeterías baratas que no cerraban nunca sus puertas; visita obligada donde los trasnochados de todas las clases sociales degustaban suculentos platos a altas horas de la madrugada.

12 Radiocentro: Enclave donde están situados los estudios de radio y TV de C.M.Q.

13 Hotel Nacional: Uno de los Hoteles más antiguos y bellos de La Habana. Se inauguró en Diciembre de 1930, siendo construido durante el mandato presidencial de Gerardo Machado.

14 La Zona Rosa: Calles y boulevares repletos de tiendas comerciales en México D.F donde el turismo y la bohemia mexicana e internacional frecuentaban en los 50.

15 "Mi esposo favorito": Programa con altos índices de teleaudiencia en la televisión cubana que se transmitía por el Canal 6 de C.M.Q.

16 (Ver No. 8)

17 María Félix, Dolores del Río, Jorge Negrete y Arturo de Córdova: Estrellas de la época Dorada del cine mexicano.

18 (Ver No.3 y No. 12)

19 "Himno del 26 de Julio": Tema musical, letra de Agustín Díaz Cartaza y música de Carlos Faxas, cuyo título original fue: "Himno a la libertad" que identificó al Movimiento Revolucionario que lideró Fidel Castro en 1959.

20 Consejo Nacional de Cultura: Institución estatal creada para regir la política cultural del país.

21 Barbudos: Término con el que se identificaban a los rebeldes que bajaron de la Sierra Maestra después del triunfo de la revolución de Castro.

22 Reforma Urbana: Institución creada por el gobierno de los Castro para despojar de los bienes raíces a sus legítimos propietarios y entregarlos en usufructo a las masas como medida populista; haciéndoles creer que el Estado se las entregaba, cobrándoles otra vez el precio establecido, pagado por el dueño original.

23 Retiro Médico: Hermoso edificio situado en La Rampa. En la esquina que forman las calles O y 23 en EL Vedado, terminado en 1958.

24 Focsa: Edificio enclavado en la manzana que abarca las calles 17, 19, M y N del populoso y elegante barrio del Vedado, en pleno centro de La Habana. Es considerado una de las siete maravillas de la ingeniería civil cubana. Su construcción finalizó en 1956 y determinó el comienzo de la era de los edificios altos en La Habana interrumpido por el triunfo de la revolución. El grupo de proyección del Focsa estuvo dirigido por el ingeniero Luis Sáenz Duplace, y el arquitecto Ernesto Gómez Sampera.

25 La Plaza Cívica. Hoy, Plaza de la Revolución: Complejo arquitectónico que enmarca una enorme Plaza donde se agrupan las principales dependencias del gobierno de la República de Cuba, construido durante el segundo mandato del General Fulgencio Batista y Zaldívar. (1955 al 1958).

26 La Habana: Capital de Cuba.

27 Camagüey: Provincia cubana de gran riqueza ganadera.

28 Alejandro Lugo: Reconocido actor cubano. Director del Curso de Formación de Actores del ICRT.

29 Curso de Formación de Actores: Plan de estudios creado por la televisión cubana para incorporar actores noveles en su programación, dado el éxodo de talento, después del triunfo de Castro.

30 Víctor, personaje de "Yerma": Obra teatral de Federico García Lorca.

31 Gaspar Pumarejo: Figura relevante en los medios de comunicación. Fue quien primero lanzó al aire la señal de televisión en Cuba.

32 Amparito Ribelles: Famosa actriz española que vivió muchos años en la isla, y que se instaló en México alcanzando una relevante posición en la TV mexicana.

33 Hace referencia a que las empleadas domésticas fueron entrenadas en apenas unos días como cajeras de Bancos al principio de los 60 en un alarde populista para atraer la atención interna y externa.

34 Marina Rodríguez: Gran actriz de la radio cubana poseedora de bellísima voz.

35 Juan Lado: Gran actor de radio en la Cuba Democrática, esposo de Marina Rodríguez.

36 Muralla: Calle de la Habana Vieja, famosa por la gran variedad de tiendas de emigrantes europeos donde éstos vendían tejidos de calidad a bajo costo.

37 Polaco: Término popular con el que se denominaba a los emigrantes nacidos de cualquier país detrás de la Cortina de Hierro, es decir en el aquel entonces llamado bloque comunista.

38 Radio Progreso: Emisora de radio de gran popularidad, vigente hasta hoy día.

39 Miliciano(a): Nombre que se da a los miembros de las milicias. Ejército masivo creado por Castro para reprimir al pueblo.

40 Kinescopio: Técnica anterior a las grabaciones en video tape.

41 I.C.R.: Siglas correspondientes al Instituto Cubano de Radiodifusión, organismo creado por el gobierno comunista para centralizar la radio y la televisión, ubicado en el edificio que antes perteneciera a C.M.Q.

42 "Aventuras": Programa diario de TV, creado por Carballido Rey para atraer a los adolescentes cubanos ausentes de la televisión en los 60, que en sus inicios presentó series de la novelística juvenil de todos los tiempos, comenzando por "Veinte mil leguas de viaje submarino", a las que le siguieron: "Espartaco"; "Los tres Mosqueteros"; "Enrique D'Lagardere"; "El Conde de Montecristo", etc. En los 70, Aventuras se convirtió en un espacio apologético del terrorismo y la guerra de guerrillas con la serie "Tupamaros"; los "Mambises" donde se distorsionó la historia de nuestras luchas libertarias.

43 Teatro ICR: Programa semanal de teatro televisivo.

44 Croquetas plásticas: Llamadas así por el pueblo, a las fabricadas con harina y yuca y un mínimo por ciento de carne.

45 "La Roca": Elegante restaurante habanero en la década de los 50.

46 "Polinesio": Elegante restaurante ubicado en el Hotel Havana Hilton, especializado en comidas exóticas.

47 Eleguá: Deidad afro-cubana equivalente al Santo Niño de Atocha, en la religión Católica.

48 Yemayá: Deidad de la religión Yoruba que en el sincretismo religioso se identifica con la Virgen de Regla y a Obatalá con la Virgen de la Mercé.

49 I.C.A.I.C.: Siglas correspondientes al Instituto Cubano de Arte e Industria cinematográfica.

50 Verde olivo: Término con el que se identificaba al ejército.

51 Guardia: Se refiere a las guardias obligatorias en los centros de trabajo que hacían los milicianos durante el día y la noche.

52 Escuela de capacitación: Centro creado por el I.C.R. para formar escritores y directores de radio y TV.

53 Tennessee Williams: Reconocido escritor norteamericano contemporáneo, autor de exitosas obras teatrales de las cuales se adaptaron a la TV cubana: "El hombre de la piel de víbora" y "Un tranvía llamado deseo".

54 "La gata sobre el tejado de zinc caliente": Obra de Tennessee Williams llevada al cine por Elizabeth Taylor y Paul Newman.

55 Funeraria Rivero: Conocida funeraria habanera.

Desde las dos orillas

AMPARO Y CLEMENTINA

Segundo Accésit del Premio Internacional de Teatro
"Alberto Gutiérrez de la Solana" 2002.
Otorgado por el Círculo de Cultura Panamericana (CCP).

PRIMER ACTO

PERSONAJES:

(Por orden de aparición)

CLEMENTINA

AMPARO

CLEMENTINA SALE DEL ESCAPARATE CON EL ORINAL EN LA MANO. LO VACÍA EN EL INODORO.

CLEMENTINA

Amparo, tienes infección en los riñones. Deberías tomar nitrofurantoina. Voy a poner a hervir pelos de elote (aclara) pelusa de maíz... que mi abuela decía que es muy bueno para eso.

AMPARO

(OFF) (TOSE)

CLEMENTINA

Voy a llenar tu pastillero que esta vacío... acabo de llegar de la farmacia. ...¿Me estás oyendo Amparo?

AMPARO

(OFF) (TOSE)

CLEMENTINA

Se me olvidó comprarte jarabe para esa tos... tendré que salir otra vez porque ayer no me dejaste dormir en toda la noche. Tendré que decirle al farmacéutico que me venda un expectorante.

AMPARO

(OFF) (TOSE MUCHO)

CLEMENTINA
Mira como te suena el pecho, parece un acordeón. ¿Quieres un poco de agua o prefieres que te haga un té de canela bien caliente? (P) ¿Me oíste Amparo?

(**TR**) Carajo, hoy estás más sorda que nunca, debe ser la gripa.

AMPARO
(**OFF**) Hazme un batido de guanábana con bastante hielo.

CLEMENTINA
Coño, ¿te has vuelto loca? con esa tos... un batido de guanábana... No dices que la guanábana es muy fría...

AMPARO
(**OFF**) ¿Me lo vas a preparar o no?

CLEMENTINA
Eres muy capaz de tomarlo, con tal de irme a la contraria, y...

AMPARO
(**OFF**) Voy a ir para la sala.

CLEMENTINA
Espera a que te ayude.

AMPARO
(**OFF**) Puedo valerme sola.

CLEMENTINA
No puedes subir el escalón del pasillo porque te queda muy alto.

AMPARO
(**OFF**) Siempre lo hice.

CLEMENTINA
Hace un año que tengo que ayudarte.

AMPARO
(**OFF**) ¡De mala gana!

CLEMENTINA
Que mal agradecida eres ¡carajo!

AMPARO
(OFF) Soy sincera... ¡Eso es lo que soy!

CLEMENTINA
Debía haberte dejado en el suelo rabiando de dolor cuando te fracturaste la cadera.

AMPARO
(ASOMA LA CABEZA POR EL ESCAPARATE) No me fracturé la cadera.

CLEMENTINA
Es verdad, la osteoporosis te hizo polvo la cabeza del fémur.

AMPARO
(ASOMÁNDOSE) ¿Me das una mano?

CLEMENTINA
¿Para qué?

AMPARO
No ves los trabajos que estoy pasando.

CLEMENTINA
No ves que lo hago de mala gana... válete por ti misma.

AMPARO
(TRATA DE SALIR) Ojalá te fractures las dos caderas.

CLEMENTINA
Maldición de bruja ni con aguja sube al cielo.

AMPARO
(PASANDO MIL TRABAJOS PARA SALIR)

CLEMENTINA
(CANTA) ¡Camina como Chencha la gamba, camina como Chencha la gamba...!

AMPARO
(LE TIRA UN BÚCARO DE METAL)

CLEMENTINA
(CANTA)... ¡que te den candela!

AMPARO
¡Mal rayo te parta!

CLEMENTINA
(CANTA) Sufre más... ¡como yo sufrí!

AMPARO
(SACA PAÑUELO BLANCO)

CLEMENTINA
¡Por favor!

CLEMENTINA
(IRÓNICA) ¡Y se hizo la paz, como en Croacia!

(CLEMENTINA VA HACIA EL ESCAPARATE Y LA AYUDA A SALIR CON EL ANDADOR DE ALUMINIO)

CLEMENTINA
¿Te tomaste la aspirina?

AMPARO
¡No!

CLEMENTINA
Bueno allá tú ¡cuando te de el fotutazo no me llames! Guárdate el infarto para ti sola.

AMPARO
¡Estás loquita porque me dé!

CLEMENTINA
Para salir de tí.

AMPARO
¡Bicho* malo nunca muere!

CLEMENTINA
(VA HACIA EL CUADRO DE FRIDA KAHLO) ¡Lo has oído Frida, lo confesó! ¡Lo ha reconocido... lo dijo... salió de sus propios labios! ¡Es un bicho malo! **(TR)** ¡Eres un bicho malo!

AMPARO
(CAMINANDO CON EL ANDADOR) ¿Ya me hiciste el batido?... el licuado como dicen ustedes...

CLEMENTINA
Ustedes son los que dicen batido... es un error... porque realmente esa infusión, por lógica se llama "licuado" porque la fruta se "licua".

AMPARO
¡Que "picua" eres! **(TR)** Hazme el batido.

CLEMENTINA
(CON MIEDO) Ay si... doñita... ¿lo quiere con mucha azúcar? o ¿prefiere que le eche miel?

AMPARO
Azúcar candy... después de batida la guanábana... a la usanza de mi abuela en La Habana.

CLEMENTINA
Si doñita. ¿Se lo sirvo en charola de plata o de cristal?

AMPARO
En bandeja de plata. Y en copa alta y con sorbete.

CLEMENTINA
Enseguida doñita... **(REPITE)** ¡Charola de plata, copa alta y sorbete!

AMPARO
¿Ya lavaste toda la ropa?

CLEMENTINA
¡Si doña!

AMPARO
¿Y limpiaste la casa?

CLEMENTINA

¡Si doña!

AMPARO

¿Supongo que puliste el pasamano de la escalera?

CLEMENTINA

¡Sí doña!

AMPARO

¿Quedó como oro?

CLEMENTINA

Pulidito... pulidito. ¡Como el culo de un bebito!

AMPARO

¡Qué vulgar eres! No puedes negar que eres india.

CLEMENTINA

(ROMPIENDO EL JUEGO) Ni tú, ¡que eres negra!

AMPARO

¡Negra será tu madre!

CLEMENTINA

Mi madre es rubia y de ojos azules.

AMPARO

¡Rubia clairol... y uso las primeras lentillas de color que salieron al mercado!

CLEMENTINA

Siempre nos tuviste envidia. **(TR)**

AMPARO

Procura que no queden semillas en el batido.

CLEMENTINA

Qué, ¿me vas a comer?

AMPARO
¡No quiero morir tan joven!

CLEMENTINA
(ENCIENDE LA BATIDORA)

AMPARO
(RISA)

CLEMENTINA
(LE DA MÁS VELOCIDAD A LA BATIDORA)

AMPARO
(RISA)

CLEMENTINA
(ECHA LAS SEMILLAS EN EL BATIDO)

AMPARO
(DEJA DE REÍR) ¡Le echaste las semillas!

CLEMENTINA
Y no lo voy a colar.

AMPARO
¡Eres una hija de puta!

CLEMENTINA
Nunca has dicho una verdad más grande. **(TR)** ¿Quieres que te diga el antro donde "operaba" mi progenitora?

AMPARO
Eres una cínica.

CLEMENTINA
No, ¡soy verdadera!

AMPARO
¡Nunca fuiste verdadera!

CLEMENTINA
Quieres que te refresque la memoria.

AMPARO
¡Acaba de darme el batido!

CLEMENTINA
Espera que lo voy a colar.

AMPARO
No lo cueles... ¡no quiero agradecerte nada!

CLEMENTINA
¡Eres una perra!

AMPARO
¡Ojalá te hubiera arrancado la nalga de una mordida!

CLEMENTINA
(**MUY AFEMINADA**) ¡Ay que rico!

AMPARO
Alcánzame el chal que tengo frío.

CLEMENTINA
¿Quieres que ponga la calefacción?

AMPARO
Te pedí el chal.

CLEMENTINA
Voy a bajar el aire... tengo calor.

AMPARO
¿Me vas a dar el chal o no?

CLEMENTINA
(**SE LO TIRA**) ¡Ay! qué calor... (**BAJA EL AIRE**) ¡Qué horror, está a ochenta!

AMPARO
(**TIRITA DE FRÍO**) Me voy a tuberculizar con este frío.

CLEMENTINA
¿Tú no eres de la tierra caliente? (**TR**) ¡pues aguanta!

(AMPARO VA HACIA LA COCINA, AGARRA UN RECIPIENTE Y RIEGA EL LÍQUIDO. AGARRA CAJA DE CERILLOS Y SACA UNO)

AMPARO
O subes el aire... o nos achicharramos como dos ratas de caño sucio.

CLEMENTINA
(EN SILENCIO VA HACIA LA CAJITA DE CONTROL DEL AIRE ACONDICIONADO) Ya está el calor... lo puse en 90 (**TR**) ahora se te va a achicharrar la ¡"panocha"! (**TR**) tómate el licuado.

(AMPARO SE LO TOMA COMO SI FUERA UN PURGANTE)

CLEMENTINA
¿Qué tal las semillitas?

AMPARO
(TERMINANDO) No las noté.

CLEMENTINA
(TOMA EL VASO, BEBE LO QUE QUEDA, Y DESPUÉS LO ESCUPE)

AMPARO
Siempre fuiste una melindrosa.

CLEMENTINA
¡Que porquería!

AMPARO
Te hubiera hecho falta una revolución.

CLEMENTINA
(PERDIENDO LOS ESTRIBOS) Y a ti, ¡una tranca de este tamaño!

AMPARO
(PAUSA) ¡Que vulgar eres!.. Me das asco fíjate... ¡asco!

CLEMENTINA
(LA MIRA) Ya sabes tú donde guardo la vulgaridad.

AMPARO
Me lo imagino... ¡tienes buena capacidad!

CLEMENTINA
(VA HACIA EL ESCAPARATE) Me tienes que dar dinero... se están acabando las provisiones.

AMPARO
Todavía no ha llegado el cheque.

CLEMENTINA
¿No tienes nada guardado?

AMPARO
¿No pretenderás que vaya al banco?

CLEMENTINA
Entonces, compraré "mis víveres".

AMPARO
¿Serías capaz?

CLEMENTINA
De eso y de mucho más.

AMPARO
Y me vas a dejar hambrienta a mí... ¿a una pobre minusválida?

CLEMENTINA
Tu no eres una minusválida... eres un monstruo.

AMPARO
¡Un monstruo minusválido!

CLEMENTINA
Déjate de chistes. Necesito dinero para comprar comida.

AMPARO
Tengo que esperar a que llegue el cheque.

CLEMENTINA
El mes pasado me dijiste lo mismo... yo compré los víveres, llegó el

cheque y no me diste ni un centavo.

AMPARO
Tú sabes que tuve que ir al médico y me gasté un mundo.

CLEMENTINA
Siempre fuiste una pesetera.

AMPARO
No tengo dinero. Lo sabes bien.

CLEMENTINA
Pues entonces no comerás, así de simple. Ya estoy harta de llenarte la panza, de pagar las cuentas, de mantenerte.

AMPARO
¿Mantenerme?

CLEMENTINA
¿Qué no te he mantenido?

AMPARO
¡Eres lo más bajo que he visto en mi vida!

CLEMENTINA
Porque digo las verdades.

AMPARO
Haces los favores para después sacarlos.

CLEMENTINA
(COMO UNA NIÑA) ¡Yo nunca he sacado ningún favor! (ÍDEM) Sí, ¡lo haces para humillarme!

CLEMENTINA
(ÍDEM) Lo que pasa es que eres una acomplejada.

AMPARO
(ÍDEM) ¡Yo no tengo complejos!

CLEMENTINA
(ÍDEM) ¡Sí no me enseñas lo que te pedí, se lo voy a decir a tú mamá!

- 117 -

AMPARO
(ÍDEM) Y a mí qué... ¡a mí qué! (TR) díselo a quien tu quieras... ¡Yo también le voy a decir que me quitaste mi muñeca!

CLEMENTINA
(ÍDEM) (HACIENDO BURLAS) ¡Me quitaste mi muñeca!... y también te voy a quitar la suiza, el caballito de palo... y el carrito de bombero.

AMPARO
(ÍDEM) (LLORANDO) ¡El carrito de bombero no es mío!

CLEMENTINA
(ÍDEM) Lo sé... le voy a decir a tu mamá que tú se lo quitaste a mi hermano... que se lo robaste.

AMPARO
(ÍDEM) ¡Mentira... mentira...!

CLEMENTINA
(ÍDEM) Y le voy a decir que cuando todos se duermen tu juegas con el camioncito.

AMPARO
(ÍDEM) ¡Mentira!

CLEMENTINA
(ÍDEM) Y que además, ¡juegas con los soldaditos de plomo!

AMPARO
(ÍDEM) (LLORA) ¡Mentira! ¡Mentira!

CLEMENTINA
(ÍDEM) ...Sí, sí. (TR) ¡Se lo voy a decir para que te castiguen bien castigada!

AMPARO
(ÍDEM) Tú no se lo vas a decir... ¡tú no me puedes hacer eso!

CLEMENTINA
(SALIENDO DEL JUEGO) ¡Claro que pude!

Desde las dos orillas

AMPARO
(SALIENDO TAMBIÉN) Y se lo dijiste... (ENTRANDO EN EL JUEGO) (AHORA COMO MAMÁ) Clementinita... ¡ven acá!

CLEMENTINA
(EN NIÑA NUEVAMENTE) ¿Qué mamá?

AMPARO
(ÍDEM) ¿Cómo se dice?

CLEMENTINA
Mami...

AMPARO
(ÍDEM) Ahora sí... (TR) ¿No me escuchaste? Ven al salón inmediatamente.

CLEMENTINA
(ÍDEM) ¡Sí, mamá!

AMPARO
(ÍDEM) Es cierto lo que me dijo la mamá de Amparito, la vecina...

CLEMENTINA
(ÍDEM) No sé lo que te dijo.

AMPARO
(ÍDEM) Que estás enseñando a esa niña a jugar, con los juguetes de tus hermanos sobre todo con los soldaditos de plomo y el carrito de bomberos de Carlitos.

CLEMENTINA
(ÍDEM) Sí mamá... es cierto que me gustan los juguetes de hermanotes. Más me gustan ¡los juguetes de los varones!

AMPARO
(LE DA UNA BOFETADA)

CLEMENTINA
(SOPORTA EL GOLPE Y MIRA A LA MADRE CON ODIO)

SONIDO: TEMA TRISTE.

ILUMINACIÓN: BAJA/QUEDA CENITAL SOBRE CLEMENTINA.

CLEMENTINA
(SACA UNAS HOJAS SECAS DEL JARRÓN) (MIRANDO AL CUADRO, DA MEDIA VUELTA. AVANZA HACIA UN CUADRO VACÍO QUE ESTA EN LA PARED Y QUITA LAS ROSAS) Nunca te lo perdoné, mamá.

ILUMINACIÓN: SUBE LUZ SOBRE EL CUADRO.

AMPARO
¡Como tú me enseñaste!

CLEMENTINA
¡Fuiste muy dura conmigo!

AMPARO
Tuve que ser fuerte, la vida me golpeó duro... primero tu padre... los crié yo sola a los cuatro, les di carrera... sin robar... con puro trabajo... fui madre y padre a la vez.

CLEMENTINA
Nos los diste todo.

AMPARO
Nunca les faltó un bocado que llevarse a la boca.

CLEMENTINA
Ni un trajecito dominguero.

AMPARO
Sufrí mucho... sacrifiqué toda mi vida por mis hijos.

CLEMENTINA
¡Sí...por ellos!

AMPARO
¡Me dediqué en cuerpo y alma a ustedes!

CLEMENTINA
¡Nos los diste todo!

AMPARO
Tu hermano Carlos se hizo médico.

CLEMENTINA
Y José Manuel abogado.

AMPARO
Y Ferminicito: ¡contable!

CLEMENTINA
Y yo...

AMPARO
¿Tú?... hubiera querido tanto que tocaras el piano... o el arpa.

CLEMENTINA
Aprendí guitarra.

AMPARO
Siempre fuiste rebelde.

CLEMENTINA
¡No terminé mi carrera!

AMPARO
Soñaba con verte vestida de novia... con el velo de tu abuela Felicia... ella siempre lo guardó con tanto empeño para tí... la diadema era de zafiros...y estaba salpicada de perlas.

CLEMENTINA
Las perlas traen mala suerte... siempre lo dijiste.

AMPARO
A ti no... a ti nada podía darte mala suerte.

CLEMENTINA
Claro... siempre tuve un gato negro en mis rodillas y un zopilote dándome vueltas.

AMPARO
Te veía casada, feliz y regalándome muchos nietos.

CLEMENTINA
Por eso interrumpí mi carrera... ¡por tus sueños lo deje todo!

AMPARO
¡Siempre pensabas en tí... en tí... en tí!

CLEMENTINA
¿En mí? **(TR)** ¿alguna vez he pensado en mí?

AMPARO
No salgas.

CLEMENTINA
(REFLEXIONANDO) Nunca me he detenido a pensar eso. Siempre he pensado por otros.

AMPARO
Tú fuiste la consentida... ¡tú eres la niña!

CLEMENTINA
Por eso tienes que bordar, coser, zurcir, planchar, cocinar, tejer...

AMPARO
¡Aunque sea para mandar a la servidumbre las señoritas tienen que aprender a hacer de todo!

CLEMENTINA
Siempre decías lo mismo.

AMPARO
¡Aunque te cases con un hombre rico... así tiene que ser!

CLEMENTINA
Así tenía que ser. Porque tú lo ordenabas. Porque tú lo decidías mamá, siempre lo decidías todo.

AMPARO
¡Pero... así no fue! porque tu decidiste lo contrario.

CLEMENTINA
Y me enfrenté a mi vida.

Desde las dos orillas

AMPARO
Y a mí.

AMPARO
Y te fuiste.

CLEMENTINA
Me fui, ¡que horrible tarde!

AMPARO
¡Que hermosa noche!

ILUMINACIÓN: SE ENSOMBRECE EL LILA.

AMPARO
No... No y no... Vas a hacer lo que yo te ordene.

CLEMENTINA
No mamá. ¡Voy a hacer lo que me ordenen mis sentidos y mi razón...!

AMPARO
Tú no vas a salir de esta casa y vas a estudiar en la escuela del hogar...

CLEMENTINA
Ya matriculé Ingeniería mamá... me examiné y fui aprobada... voy a ser ingeniera.

AMPARO
Estás loca... ni que yo estuviera muerta. Vas a ser hogarista como tu abuela y como yo...

CLEMENTINA
(INICIA SALIDA)

AMPARO
Clementinita... si sales por esa puerta haz de cuenta que no tienes madre... no podrás contar conmigo nunca... para nada.

CLEMENTINA
(SALE DECIDIDA)

AMPARO
Clementina... Clementina...

(SE ALEJA)
CLEMENTINA

AMPARO
(TR) Clementina... coño. Clementina ¿estás sorda?

CLEMENTINA
(TR) Creí que seguías el juego.

AMPARO
Estoy cansada, ¡Alcanzame la penca!

CLEMENTINA
Ya volviste a la vulgaridad.

AMPARO
Tengo mucho calor.

CLEMENTINA
(LE DA PENCA TEJIDA) ¿Quieres agua?

AMPARO
Tendré que orinar.

CLEMENTINA
¿Tan rápido?

AMPARO
Esas son las pastillas para la presión.

CLEMENTINA
Gracias a ellas te mantienes estable... ni alta ni baja.

AMPARO
¡Pero todo el tiempo meando!

CLEMENTINA
Otra vez.

AMPARO

¡Ayúdame... que me meo!

CLEMENTINA

Procura aguantar que ya no tengo manos para limpiar esta casa.

AMPARO

Yo no tengo la culpa.

CLEMENTINA

¡Ten cuidado!

AMPARO

¿Hay papel en el baño?

CLEMENTINA

Sí.

AMPARO

¿Hay jabón?

CLEMENTINA

Pides demasiado.

AMPARO

Me la tengo que lavar, ¿no?

CLEMENTINA

Por mí... ¡como si lo dejas de semillero!

(AMPARO ENTRA POR LA PUERTA DEL ESCAPARATE)

AMPARO

¡Grosera!

CLEMENTINA

(HACE GESTO)

(CLEMENTINA PONE FLORES DE PAPEL EN EL JARRÓN Y SE LO PONE AL MARCO VACÍO QUE ESTÁ EN LA PARED)

                    AMPARO
(OFF) (ALIVIADA) ¡Ah!
(CLEMENTINA SE SIENTA EN UN BUTACÓN)

                    AMPARO
(OFF) Ya acabé.
(CLEMENTINA SENTADA SE INCLINA HACIA DELANTE. ESTÁ AGOBIADA)

                    AMPARO
(OFF) ¡Dije, que ya acabé!

                    CLEMENTINA
(NO SE MUEVE)

                    AMPARO
(OFF) Tráeme un jarro con agua.

                    CLEMENTINA
(NO SE INMUTA)

                    AMPARO
(OFF) Clementina, tráeme algo con agua.

                    CLEMENTINA
(SE ECHA HACIA ATRÁS)

                    AMPARO
(OFF) (GRITA) ¡Clementinaaaaa!

                    CLEMENTINA
(SE LEVANTA, AGARRA UN JARRO CON AGUA, ABRE EL ESCAPARATE Y TIRA EL AGUA Y DESPUÉS EL JARRO)

                    AMPARO
(OFF) Grita: ¡Por el agua! **(GRITA: POR EL GOLPE DEL JARRO)**

                    CLEMENTINA
(VUELVE A SENTARSE DONDE ESTABA)

AMPARO
(ASOMANDO LA CABEZA POR LA PUERTA DEL ESCAPARATE) ¡Hija de mala madre!

CLEMENTINA
(SE PONE DE PIE) Ahora te toca a tí.

AMPARO
Ahora no puedo, mira como me has puesto Tengo que secarme.

CLEMENTINA
Así es mejor.

AMPARO
¡Dame una toalla!

CLEMENTINA
No... ¡te dije que así es mejor! Entrarás mejor en situación.

AMPARO
No... no tengo ganas.

CLEMENTINA
Tenemos que seguir.

AMPARO
Estoy cansada.

CLEMENTINA
Yo también. Pero hay que seguir.

AMPARO
No sé por qué tenemos que seguir...

CLEMENTINA
Lo preguntas todo...

AMPARO
Quiero tirarme un rato.

CLEMENTINA
Ahora no puedes... acaba de salir.

AMPARO
Si me quedo con esta ropa mojada me voy a resfriar.

CLEMENTINA
Acaba de salir.

AMPARO
Ya me estoy sintiendo... (**AMAGA ESTORNUDO**)

CLEMENTINA
¡O sales o te saco!

AMPARO
Ya... ya me estoy... res... res... (**ESTORNUDA**) ¡dame un kleneex! lo sa... sa... sa... (**ESTORNUDA**) sabía que esto me iba a pasar. ¡Dame un kleenex! (**TR**) Me mojaste a propósito porque sabes que enseguida co... co... co... (**ESTORNUDA**) ya estoy acatarrada. ¡Tírame un kleenex coño!

CLEMENTINA
(**LE TIRA CAJA DE KLEENEX**)

AMPARO
(**AMPARO SACA UN KLEENEX Y SE SUENA LA NARIZ**) Esta noche tendré asma... y por tu culpa... (**TR**) ¿El balón tiene oxígeno? Tengo que buscar el aparato... ¿dónde está? Me lo escondiste... antes de tirarme el jarro de agua, escondiste el aparatito del asma (**LE FALTA EL AIRE**) me voy a ahogar... abre las ventanas... (**LE FALTA EL AIRE**) me estoy ahogando... dame el oxígeno... (**SE ASFIXIA**) dondees... ta... Cle... men... ti... me... aho... CLEME. aho... CLE... ME... ME... ME. (**CAE AL PISO**)

CLEMENTINA
SE ACERCA CON EL PIE, LE MUEVE LA MANO. COGE UN KLEENEX LIMPIO Y LE AGARRA EL BRAZO. LO DEJA CAER PESADAMENTE. VA A LA MESA Y TOMA UN ESPEJO DE MANO. SE LO ACERCA A LA BOCA. EL ESPEJO NO SE EMPAÑA.

AMPARO
(NO RESPIRA. CLEMENTINA SE LEVANTA Y VA AL TELÉFONO. MARCA EL 911)

Desde las dos orillas

CLEMENTINA
Do you speak Spanish? **(TR)** Ay señorita... acaba de ocurrir una desgracia terrible... a mi roommate le dió un ataque... y yo creo que se ha muerto... estoy muy nerviosa... Porque estoy solita... y las dos somos dos viejecitas solas en este mundo... ay... ay... ¡vengan ahorita! no sé... no sé, no me acuerdo, estoy muy nerviosa..., es en el segundo piso... yo me llamo Clementina y ella Amparo... pregunte abajo por Amparo o y Clementina... ¡todo el mundo nos conoce!

CLEMENTINA
(CUELGA EL TELÉFONO. SONRÍE MACABRA. SE SIENTA EN LA MECEDORA V EMPIEZA A REZAR EL ROSARIO)

CLEMENTINA
Dios te salve María, llena eres de gracia, bendita tú eres entre todas las mujeres y bendito es el fruto de tu vientre...

AMPARO
Jesús. **(LE AGARRA POR UN PIE VIOLENTAMENTE)**

CLEMENTINA
¡Ya lo chingaste todo! faltó la policía.

AMPARO
(SE LEVANTA) ¿Y el cordón del teléfono?

CLEMENTINA
Para jugar no hace falta tanto realismo.

AMPARO
Mientras más real sea todo mas creíble es el juego.

CLEMENTINA
Por donde íbamos... antes de la policía.

AMPARO
A mi me dio un ataque de asma.

CLEMENTINA
No... ¿antes?

AMPARO
¡Yo estornudé!

CLEMENTINA
Ah... Ya sé... te tiré el jarro de agua.

AMPARO
No me lo recuerdes.

CLEMENTINA
(EN LO SUYO) Era tu turno...

AMPARO
Te dije que estaba cansada... siempre quieres hacer tu voluntad.

CLEMENTINA
Vamos... **(VA AL ESCAPARATE) (REVUELVE DENTRO)**

AMPARO
¡Me hace daño!

CLEMENTINA
¡A todos nos hace daño!

AMPARO
¿Por qué te gusta verme sufrir?

CLEMENTINA
(EN LO SUYO) Porque soy sadomasoquista... ¿Qué? ¡No lo sabes!

AMPARO
¡Dios!

CLEMENTINA
¡Aquí está! **(LE TIRA UN VESTIDO LARGO DE TUL TIPO QUINCEAÑERA)**

CLEMENTINA
¡Póntelo!

AMPARO
Lo odio...

CLEMENTINA
Yo también... (**TR**) pero póntelo...

AMPARO
(**CASI LLORANDO**) ¡Es horrible!

CLEMENTINA
Espantoso.

AMPARO
¡Abominable!

CLEMENTINA
Pero estamos jugando. Póntelo.

AMPARO
(**TODAVÍA DUDA**)

CLEMENTINA
(**GRITA**) Ponte el pinche vestido ya ¡carajo!

AMPARO
(**SE LO PONE**)

CLEMENTINA
Te falta algo... (**VUELVE AL ESCAPARATE Y HURGA EN EL FONDO**) aquí está... (**SACA PAMELA Y CINTA CON FLOR PARA EL CUELLO**)

AMPARO
Clementina... ¡por Dios!

CLEMENTINA
(**LE PONE LA PAMELA SIN NINGÚN ARTE Y LE AMARRA AL CUELLO LA CINTA CON FLOR**)

CLEMENTINA
¡Da una vueltita!

AMPARO
(**DA UNA VUELTA**)

CLEMENTINA
¡Estás cabrona!

AMPARO
Sí te vas a burlar... aquí mismo se acabó el juego...

CLEMENTINA
Ni te atrevas... ya hice mi parte... ahora te toca a ti **(TR)** Ay Amparito Hija mía... eres un sol... un lucero... estás divina...

AMPARO
(NO SABE SI SE ESTÁ BURLANDO O SI YA EMPEZÓ EL JUEGO NUEVAMENTE)

CLEMENTINA
(EN EL JUEGO) A ver... vengan... pasen todos... a ver a la niña... ya está lista para la fiesta... Pilar... Cuca... Carlota... vengan todos...

AMPARO
(ENTRA POCO A POCO EN EL JUEGO) Me estoy muriendo de pena.

CLEMENTINA
(TR) Tienes que aguantar como una tora.

AMPARO
Tengo ganas de vomitar.

CLEMENTINA
(RESPIRA HONDO) (TR) pero, ¿no van a venir? Avelino... Avelino por Dios deja el periódico que vas a llegar tarde al baile con la niña.

AMPARO
Yo no quiero ir.

CLEMENTINA
Tienes que hacerlo.

AMPARO
No puedo... no puedo.

CLEMENTINA
Ya vienen... ya vienen todos. **(TR)** aquí la tienen... no está preciosa.

AMPARO
Quítame la cinta... ¡quítamela...! No va, ahora.

CLEMENTINA
(SE LA QUITA) (TR) Oh... Esther, ¿qué le traes a la niña?

AMPARO
Esther me hizo la flor y se la cosió a la cinta.

CLEMENTINA
Una flor para el cuello... **(TR)** ¡Qué detalle!

AMPARO
No quiero ponerme nada en el cuello... me da calor.

CLEMENTINA
Es preciosa Esther... ¡ay... tienes unas manos prodigiosas!... Haces con ellas "maravillas". **(TR)** ¡Si lo sabré yo!

AMPARO
¡Cochinadas no!

CLEMENTINA
Amparito... ¡levántate el pelo que te voy a poner la flor que te hizo Esther!

AMPARO
Quería que se abriera la tierra y me tragara.

CLEMENTINA
(EN EL PADRE) A ver mujer deja ver como se ve la niña. **(LA VE)** pero... Amparito... **(EMPIEZA A REÍRSE)**

AMPARO
(EMPIEZA A LLORAR) Me veía horrible... era demasiado flaca... tenía las coyunturas de los brazos muy anchas...

CLEMENTINA
Tu abuela decía que tenías los brazos como patas de caballos.

AMPARO
(LLORA)

CLEMENTINA
(EN EL PADRE) Mujer y no hay un pedazo de tela pa' tirárselo por arriba pa' taparle las jaboneras.

AMPARO
(LLORA)

CLEMENTINA
Avelino... cállate... Amparito no tiene jaboneras... ella es una muchacha esbelta... por eso todo el mundo dice que es muy fina. (TR)

AMPARO
Nunca... nunca debí haber ido a aquel baile.

CLEMENTINA
Era tu destino.

AMPARO
No... las estrellas inclinan pero no obligan.

CLEMENTINA
A lo hecho pecho.

AMPARO
Todos me obligaron a ir.

CLEMENTINA
Hiciste lo que debías.

AMPARO
Todos me obligaron... incluso ¡tú!

CLEMENTINA
Alguien tenía que sacrificarse.

AMPARO
Pero yo no quería estar allí.

CLEMENTINA
A ti te tocaba... cumplías los 15 ese día.

AMPARO
Siempre uno puede estar donde quiere... siempre me tocó bailar con la más fea.

CLEMENTINA
(**CRUEL**) Aquella noche tú fuiste la más fea.

AMPARO
(**LLORA EN SILENCIO**)

CLEMENTINA
¿Ya llegó el joven, Avelino? (**EN EL PADRE**) No... No he visto ningún carro ahí afuera...

AMPARO
(**LLORANDO**) Augusto llegó tarde.

CLEMENTINA
Seguro que fue a comprar chicles. Los jóvenes le brindan chicles a las muchachas... o a lo mejor te fue a comprar un "corsage"... va y se aparece con una orquídea blanca...

AMPARO
(**LLORANDO**) Mamá estaba enamorada de Augusto... ni trajo orquídea ni me brindó chicles.

CLEMENTINA
¡Ese muchacho es monísimo... con ese pelo tan negro y tan brilloso!

AMPARO
(**LLORANDO**) Por la gomina... lo tenía duro... duro.

CLEMENTINA
Avelino... coge... dale al muchacho... dile que es para ayudarlo con la gasolina.

AMPARO
¡Nunca me he sentido peor!

CLEMENTINA
Lo cierto es que tu mamá le pagó para que fuera tu pareja en el baile.

AMPARO
Nunca he sufrido mayor humillación.

CLEMENTINA
Que te diviertas mi reina... que te diviertas. **(SE ENJUGA LÁGRIMA)** Vas a ser la sensación en los "Curros Enríquez".

AMPARO
Mamá no me haga ir... mamá no me hagas esto...

SONIDO: DANUBIO AZUL.

CLEMENTINA
(LA TOMA DEL BRAZO Y BAILAN EL VALS)

CLEMENTINA
(EN EL GALÁN) Yo no sé bailar muy bien.

AMPARO
No te preocupes... yo tampoco.

CLEMENTINA
(ÍDEM) ¡Te queda muy bonito el vestido!

AMPARO
Gracias.

CLEMENTINA
(ÍDEM) Es un "estraples"... así le dicen... ¿no?

AMPARO
Sí, estraples. **(TR)** Estaba aterrada de que se diera cuenta que todo aquello era de la almohadita. ¡Mi ñoñito!

CLEMENTINA
(ÍDEM) Cuando se acabe el vals vamos a ir a la terraza, allí hace fresco.

AMPARO
Bueno.

CLEMENTINA
(ÍDEM) ¿Tienes sed?

Desde las dos orillas

AMPARO
No..., **(TR)** nunca más habló de tomar algo o invitarme y gracias a Dios que no lo hizo... hubiera sido peor.

CLEMENTINA
(ÍDEM) Se acabó el vals... ¡vamos!

AMPARO
No me dijiste de ir a la terraza.

CLEMENTINA
Allí hay mucha gente... en el portal y más brisa.

AMPARO
En mala hora me llevo allí, **(TR)** para mí que estaba mareado, seguramente antes de bailar había bebido porque tenía olor a cerveza.

CLEMENTINA
Ves el portal... está vacío... y hay fresco... y está oscuro.

AMPARO
¿Dónde estará mi papá?

CLEMENTINA
Está en el bar.

AMPARO
Vamos a buscarlo.

CLEMENTINA
Espérate flaca... no seas arisca.

AMPARO
Dios mío...

CLEMENTINA
A ver flaca... ¡ahora vas a saber lo que es gozar!

SONIDO ZUMBIDO. ALETEAR. AVIÓN SUPERSÓNICO.

CLEMENTINA
¿Qué es eso?

AMPARO
Todo fue muy rápido... cayó en picada... como un avión supersónico.

CLEMENTINA
(**CASI GRITA**) ¿Qué coño es eso?

AMPARO
La cucaracha entró por el estraples. (**GRITA**) ¡ahhhhh! (**SE ARRANCA EL ESTRAPLES**)

CLEMENTINA
(**GRITA**) ¡Ahhhhhhhh!

AMPARO
(**GRITA**) ¡Ahhhhhhhh!

CLEMENTINA
(**GRITA**) ¡Ahhhhhhhhhhhh! (**SALE CORRIENDO**)

AMPARO
Mientras, yo me quedé allí, sola, sin saber que hacer, con el relleno de la almohadita de mi ñoñito... en el suelo y con los dos pezones fríos y asustados mirando a la luna. (**LLORA**)

SONIDO: TEMA TRISTE.

CLEMENTINA
No te preocupes Amparito... un accidente lo tiene cualquiera, eso no tuvo importancia... (**TR**) Además, mercancía que no se anuncia no se vende... lo inaceptable fue la borrachera de tu padre... eso si te tiene que dar vergüenza.

AMPARO
(**HONDO SUSPIRO**) ¡Nunca más volví a ver a Augusto! Me dijeron que se había juntado con una gorda y que se habían ido a vivir a Venezuela. Lo que nunca pude entender fue tu afán para que yo fuera a aquel baile.

CLEMENTINA
Mi mamá y la tuya hablaban mucho.

AMPARO
Eran amigas.

Desde las dos orillas

CLEMENTINA
(COMO MADRE) Ay mi amiga... una no gana para preocupaciones.

AMPARO
(ÍDEM) Y sobre todo cuando hay que luchar sin un hombre al lado.

CLEMENTINA
Así es.

AMPARO
Pero tus hijos son santos.

CLEMENTINA
Los varones sí... pero... Clementinita...

AMPARO
¿Qué tiene la niña?

CLEMENTINA
Tú eres mi mejor amiga.

AMPARO
Claro.

CLEMENTINA
¡Mi única amiga!

AMPARO
Por supuesto.

CLEMENTINA
¿No notas nada?

AMPARO
¿Qué? ¿A quién?

CLEMENTINA
A la niña.

AMPARO
A tu hija...

CLEMENTINA

Sí

AMPARO

¿Qué tiene?

CLEMENTINA

No... nada... deben ser figuraciones mías... sobreprotección... por no tener padre... eso... sobreprotección.

AMPARO

(TR) Mamá mintió... (TR) Amparito... tienes que tener cuidado con Clementina, es mayor que tú... y esa niña... mira de una manera... no debes ir a jugar a su casa... ni quedarte sola con ella.

CLEMENTINA

Eso te dijo.

AMPARO

¿Por qué mamá? Yo siempre juego con Clementinita.

CLEMENTINA

Vamos a dejarlo ahí.

AMPARO

No... Ahora es mi turno... (TR) eso era antes... cuando eran chiquitas... pero ahora te empezó a salir pelito ahí abajo y se te están empezando a hinchar las teticas.

CLEMENTINA

No sigas.

AMPARO

Hay que seguir... (TR) por eso no debes estar sola con esa niña. (TR) ¿Por qué mamá? (TR) ...Porque es un marimacho.

CLEMENTINA

¡Cállate!

AMPARO

Fue la primera vez que oí esa palabra. Y fue lo suficiente. Empecé a buscarte... era algo mas fuerte que yo.

CLEMENTINA
Y yo te perseguía.

AMPARO
Me acosabas...

CLEMENTINA
Te necesitaba.

AMPARO
¡Hoy día te hubiera puesto un *sexual harassment*!

CLEMENTINA
Hasta que te metí en mi cama.

AMPARO
Clementina, está bueno ya...

CLEMENTINA
Esto no nos va a llevar a ninguna parte.

AMPARO
Quiero saber por qué quisiste que fuera al baile con Agustico.

CLEMENTINA
Es muy sencillo.

AMPARO
¡Nosotras ya habíamos traspasado la barrera del sonido!

CLEMENTINA
Ya no quedaban barreras que salvar.

AMPARO
Solo la de tú mamá siempre con lo mismo.

CLEMENTINA
Yo creo que voy a tener que llevar a la niña a un siquiatra... porque cada día la veo más... más...

AMPARO
Yo empezaba a imitarte.

CLEMENTINA
Hacía falta romper con aquella imagen.

AMPARO
Y me forzaste a mí... **(TR)** coño, ¿por qué no te disfrazaste tú?

CLEMENTINA
Porque en el fondo quería salvarte.

AMPARO
¿Salvarme de qué?

CLEMENTINA
Del abismo.

AMPARO
El abismo ruge... el abismo tienta.

CLEMENTINA
El abismo late... el abismo abraza.

AMPARO
Comemierderías... todo era mentira...

CLEMENTINA
Vamos a cortar... tengo hambre.

AMPARO
(CANTA) Todo en la vida se sabe...

CLEMENTINA
Tú no sabes nada... eso te lo imaginas.

AMPARO
(CANTA) "Mira... todo en la vida se sabe".

CLEMENTINA
Eso es producto de tu imaginación.

AMPARO
¡Imaginación tarro! eso... tarros... desde entonces empezaste a ponérmelos.

CLEMENTINA

¿Estás loca?

AMPARO

Mientras yo soportaba el apestoso aliento de Augusto mientras me acercaba su babosa boca, y me fajaba con la cucaracha, tú te entregabas dulce y cálida entre los pétalos que Esther no usó en la flor de mi cuello.

CLEMENTINA

Estás completamente loca. A estas alturas por qué voy a negártelo.

AMPARO

Eso digo yo.

CLEMENTINA

Esa noche para mí fue un infierno... te odié y te maldije por haber ido al baile con aquel payaso engominado.

AMPARO

¿Y qué iba a hacer?

CLEMENTINA

Revelarte... imponerte... enfrentarte a todo y a todos.

AMPARO

¡Mira que bonito y gritar... mami, me voy con mi marimacho a otra parte... y colorín colorao, este cuento ha terminao y el tuyo no está empezao! **(TR)** Pendejadas.

CLEMENTINA

Eso... ¡pendejadas! **(TR)** ¿sabes qué hice? Quieres saberlo... estuve detrás de la puerta de mi casa vigilando que llegaras.

AMPARO

¿Vigilando?

CLEMENTINA

Ví cuando bajaste del taxi con tu padre a cuestas, borracho como una cuba... como buscaste la llave en los bolsillos de su smoking... Ví cuando tu madre abrió la puerta y lo entraron... Ví como desapareciste tras el ruido del cerrojo.

AMPARO

Mis sueños se fueron a la mierda aquella noche... ¿y qué hiciste?

CLEMENTINA

Vi que junto al taxista iba Augusto con la cabeza colgando afuera. Entonces salí a la calle y corrí... corrí... hasta su casa.

AMPARO

Fuiste a la casa de Augusto... el payaso engominado...

CLEMENTINA

La madre lo había metido en la ducha y estaba acostado en la cama... toqué en la persiana... y me abrió la puerta sin saber quien era... estaba en calzoncillos.

AMPARO

No sigas.

CLEMENTINA

Volvió a tirarse en la cama... con los ojos vidriosos.

AMPARO

No sigas.

CLEMENTINA

Todavía estaba mojado... los pelos del pecho brillaban como hierbas húmedas de rocío.

AMPARO

Cállate.

CLEMENTINA

Cuantas mujeres del barrio hubieran suspirado por aquel momento.

AMPARO

¡Cállate!

CLEMENTINA

No lo pensé dos veces... solté el único botón... y busqué su sexo... no fue difícil... la mamá de Augusto lo alimentaba con ostiones frescos y lo perfumaba con canela y miel.

AMPARO

¡Cállate!

CLEMENTINA

Lo poseí... entró y entré... me vengué en los dos... de ti y de él.

AMPARO

¡Estúpida!

CLEMENTINA

Ya ni él ni yo teníamos nada que perder. **(TR)** Aunque en el estado en que estaba... nunca se enteró pero no me importo, porque yo lo sabía y eso era suficiente.

AMPARO

No quiero oírte mas... me voy... me duele la cabeza... dame una pastilla... cualquier cosa.

CLEMENTINA

No te doy nada... no quiero nada... vete si te da la gana... es más quiero que te vayas ahora mismo... porque ahora ya se acabó el juego.

AMPARO AVANZA HACIA CLEMENTINA Y LE ARRANCA LA PELUCA Y LOS AFEITES.

AMPARO

No... así es muy fácil... te equivocas mi amor... ahora es cuando yo no lo voy a terminar... de aquí no sale nadie... porque este juego acaba de empezar.

AMPARO
(SE QUITA SU PELUCA Y SUS AFEITES)

TELÓN.

FIN DEL PRIMER ACTO

SEGUNDO ACTO

ILUMINACIÓN: TOTAL.

EL SEGUNDO ACTO COMIENZA DE LA MISMA MANERA COMO FINALIZÓ EL PRIMERO.

CLEMENTINA
No quiero seguir jugando.

AMPARO
Como siempre quieres hacer tu santa voluntad.

CLEMENTINA
Ya jugamos demasiado... es hora de hablar con seriedad de nuestros problemas.

AMPARO
Ah ¿pero tenemos problemas?

CLEMENTINA
No empieces con tus ironías.

AMPARO
Cualquiera que nos vea pensaría que no tenemos ninguno.

CLEMENTINA
Pues los tenemos... por ejemplo: la casa.

AMPARO
Si fuera eso solamente.

CLEMENTINA
¿Qué vamos a hacer?

AMPARO
Venderla... vender los muebles y dividirlo todo.

CLEMENTINA
El dinero del banco.

AMPARO

Y el televisor.

CLEMENTINA

¿Dividirlo?

AMPARO

No, a ver quién se queda con él.

CLEMENTINA

¿Y la lavadora?

AMPARO

¿Y la secadora?

CLEMENTINA

Y el refrigerador...

AMPARO

Y la cámara de video...

CLEMENTINA

Y la de fotos...

AMPARO

Y el *microwave*...

CLEMENTINA

Qué horror... tenemos tantas cosas.

AMPARO

Total... cuando te vayas pa'l hoyo no te pueden meter todo en la caja.

CLEMENTINA

¡Lo mejor será hacer un *garaje sale*!

AMPARO

No se te ocurre otra cosa.

AMPARO SE ENJABONA LA CARA EN UNA PALANGANA. CLEMENTINA RECOGE LA ESCENA.

CLEMENTINA
¡Que horror!, ¡Cómo está esta casa!

AMPARO
(PARA TI) ¡Como siempre!

CLEMENTINA
Claro, si tú jamás has limpiado nada.

AMPARO
No voy a discutir.

CLEMENTINA
Me alegro mucho. (ENTRA EN EL ARMARIO)

AMPARO
¿Te vas, al fin?

CLEMENTINA
(OFF) No, todavía...

AMPARO
(SUSPIRA)

CLEMENTINA SALE DEL ARMARIO CON UNA MALETA.

CLEMENTINA
Dijiste que el juego recién empieza.

AMPARO
Lo estás empezando tú, ahora mismo.

CLEMENTINA
¿Lo dices por la maleta?

AMPARO
(IRÓNICA) ¿Empiezas a cargar?

CLEMENTINA
Recojo lo que es mío.

AMPARO

(ÍDEM) ¿Lo qué es mío? (TR) Aquí nada es tuyo querida... recuerda que hace mucho que no trabajas.

CLEMENTINA

Ni tanto...

AMPARO

Tus expresiones me encantan... (TR) ¿Qué quiere decir ni tanto? en tiempo me refiero... ¿semanas? ¿meses? ¿años? (TR) porque perdí la cuenta.

CLEMENTINA

En la calle hace unos meses que efectivamente no trabajo, pero en la casa siempre he sido tu criada.

AMPARO

No creo que sepas lo que es tener criada. Porque de haberlo sido te hubiera botado hace ya mucho.

CLEMENTINA

Además de todo... eres una malagradecida.

AMPARO

¿Yo? (TR) ¿Te llevas ese CD?

CLEMENTINA

Claro. Lo compré con mi dinero.

AMPARO

Querrás decir con la tarjeta visa.

CLEMENTINA

Que está a mi nombre.

AMPARO

Pero que pagamos las dos.

CLEMENTINA

Ay pero que ridícula eres... ¿quieres el CD?... ¡cógetelo!

AMPARO

No. ¿Para qué lo quiero?

CLEMENTINA

A ti te encanta la Romo... y sobre todo este tema... (Pone el CD)

SONIDO: TEMA MUSICAL DE DANIELA ROMO. (LO QUITA RÁPIDAMENTE) CESA EL TEMA.

CLEMENTINA

(**IRÓNICA**) ¿Qué?... ¿te trae recuerdos?

AMPARO

Los recuerdos son algo más que una simple canción... (**TR**) tú como siempre no entiendes nada.

CLEMENTINA

30 de diciembre de 1987

AMPARO

¡Hace 12 años!

ILUMINACION: CAMBIO DE LUCES.

CLEMENTINA

Me permite.

AMPARO

Usted dirá.

CLEMENTINA

Que seria... por favor trátame de tú... me haces sentir muy vieja.

AMPARO

Dime en que puedo ayudarte.

CLEMENTINA

En aquel entonces, trabajabas en "SEARS".

AMPARO

Departamento de jardinería.

CLEMENTINA
Estaba arreglando mi patio.

AMPARO
En la casa que tenías alquilada.

CLEMENTINA
Quiero comprar una cortadora de hierba.

AMPARO
Yo soy nueva aquí... voy a buscar alguien que te pueda ayudar.

CLEMENTINA
No... no te preocupes... prefiero que me atiendas tú.

AMPARO
En ese caso... **(CARRASPEA)** más o menos... ¿de qué precio la quieres?

CLEMENTINA
Sabes que tu cara me es conocida.

AMPARO
Puede ser que nos hayamos visto aquí.

CLEMENTINA
No dices que empezaste a trabajar hace poco.

AMPARO
Quise decir en este departamento... pero en la tienda...

CLEMENTINA
(INTERRUMPE) ¿Tú eres cubana, verdad?

AMPARO
Si, y tú eres ¡mexicana!

CLEMENTINA
¿Se me nota? **(TR)** nací en Veracruz... que se parece mucho a tu país.

AMPARO
Eso me han dicho.

CLEMENTINA
Pero viví mucho tiempo en Cuba.

AMPARO
¿De verdad?

CLEMENTINA
Sí.

AMPARO
En mi cuadra había una familia mexicana...

CLEMENTINA
Una viuda con tres hijos.

AMPARO
Sí... dos varones y una (**TR**) no... no puede ser...

CLEMENTINA
¡Amparito!

AMPARO
¡Clementina!

(SE ABRAZAN)

CLEMENTINA
Hace tanto tiempo.

AMPARO
Lo menos que yo esperaba.

CLEMENTINA
Enseguida que te ví supe quien eras.

AMPARO
Yo no... te lo juro...

CLEMENTINA
Que cosas tiene la vida.

AMPARO

¡Ay! Esto nada más que se ve en las telenovelas.

CLEMENTINA

La vida supera la ficción, querida.

AMPARO

Has cambiado mucho.

CLEMENTINA

¿Para bien o para mal?

AMPARO

No sé... has cambiado y punto.

CLEMENTINA

Las vueltas que da la vida.

AMPARO

¿Vives aquí o en México?

CLEMENTINA

Vivo aquí... pero tengo casa en México.

AMPARO

¡Tu primera mentira!

CLEMENTINA

No hablemos de mentiras.

AMPARO

(TR) ¿Te casaste?

CLEMENTINA

Sí, claro... tres veces... la primera por la iglesia...

AMPARO

Tu segunda mentira... ¿y ahora sigues casada?

CLEMENTINA

¿Tú qué crees?

AMPARO
¿Yo? no sé... **(SONRÍE ESTÚPIDA)**

CLEMENTINA
Estoy comprometida, pero no es nada oficial... ¿y tú?

AMPARO
Yo... me casé allá. Fue un desastre.

CLEMENTINA
El matrimonio es un desastre.

AMPARO
Me refería al que fue mi marido... era insoportable... ahora estoy saliendo con un muchacho que...

CLEMENTINA
No te lo pregunté.

AMPARO
(SONRÍE)

CLEMENTINA
¿Cuándo viniste?

AMPARO
En el 80 vine por el Mariel... mamá murió el año pasado... en Cuba.

CLEMENTINA
Mamá también.

AMPARO
¿En México?

CLEMENTINA
Sí... en nuestros países es más fácil morirse.

AMPARO
¡Qué casualidad!

CLEMENTINA
¿Encontrarnos?

AMPARO
No, estaba pensando en que las dos murieran el mismo año.

CLEMENTINA
Eran muy amigas. A lo mejor se pusieron de acuerdo.

AMPARO
Sigues con ese sentido macabro del humor.

CLEMENTINA
Nuestras madres nunca supieron comprendernos.

AMPARO
Las madres casi nunca comprenden a los hijos... es un problema generacional.

CLEMENTINA
Es cuestión de sentido común... de inteligencia... y de comprensión.

AMPARO
¿Qué querías que comprendieran?

CLEMENTINA
Mamá siempre se avergonzó de mí.

AMPARO
La educación que recibió... los golpes que le dió la vida.

CLEMENTINA
Mi madre fue una mujer liberada.

AMPARO
¿Liberada? ¿Liberada, dices? y se dejó hacer cuatro hijos.

CLEMENTINA
No la critico... al contrario... ahora al cabo de los años creo que la comprendo más... pero ella en mi caso no pudo emplear su pragmatismo y su moderno sentido de la vida y los negocios.

AMPARO
No te entiendo.

CLEMENTINA
¿Sabes a qué se dedicaba mi madre? ¿Sabes cómo le dió carrera a mis hermanos?

AMPARO
(LA MIRA)

CLEMENTINA
Te voy a contar algo que nadie sabe... que nunca he hablado ni siquiera en voz alta conmigo misma.

AMPARO
(SONRÍE INCRÉDULA) Me asustas.

CLEMENTINA
Cuando mi padre murió, le dejó una pequeña fortuna a mi madre.

AMPARO
Quizá con eso...

CLEMENTINA
En México ese dinero se le hubiera hecho sal y agua... por eso decidió irse a Cuba con nosotros.

AMPARO
Fue una decisión muy valiente de su parte.

CLEMENTINA
Sí... sí que lo fue.

AMPARO
Irse a otro país sola y con hijos pequeños.

CLEMENTINA
Era la única posibilidad que tenía de hacer capital rápidamente.

AMPARO
¿En qué invirtió su dinero?

CLEMENTINA
¡En el oficio mas antiguo del mundo!

AMPARO

¿Qué quieres decir?

CLEMENTINA

En Cuba nadie la conocía... podía dedicarse a lo que quisiera libre de habladurías... por lo que montó una casa de citas...

AMPARO

Una casa de...

CLEMENTINA

Eso... ¡de putas!

AMPARO

¡No!

CLEMENTINA

Le fue tan bien, que en menos de ocho meses puso una Academia de baile... donde los hombres compraban largas ristras de *tickets* para bailar con la puta que más le gustase y después llevársela a la cama.

AMPARO

¡Increíble!

CLEMENTINA

A los cinco años tenía una cadena de prostíbulos y varios miles de pesos en el banco.

AMPARO

Quién lo hubiera dicho... ustedes parecían una familia normal.

CLEMENTINA

Éramos una familia normal, solo que con un negocio de putas. Ahora ¿me entiendes? **(TR)** para su vida privada y los negocios fue una mujer "*avant –garde*" pero conmigo no tuvo piedad... **(TR)** no creo que haya ejercido la prostitución... no le hacía falta... Pero estoy convencida que tuvo varios amantes influyentes en la política cubana, que la ayudaban en el negocio y a su vez ella los favorecía.

AMPARO

Quizá por eso no se casó otra vez.

CLEMENTINA
Lo calculó todo bien... y le funcionó.

AMPARO
Todas las madres sueñan con ver a sus hijas vestidas de blanco y saliendo de la iglesia debidamente casadas.

CLEMENTINA
Yo no lo di ese gusto... debe ser por eso ¡que se ensañó!

AMPARO
¿Tan cruel fue?

CLEMENTINA
Fue una crueldad lenta, pensada, meditada... una guerra sicológica... donde me hizo sentir inferior y muy desdichada... por eso me uní más y más a mis hermanos.

AMPARO
Se explica.

CLEMENTINA
¿Qué?

AMPARO
Que la influencia con tus hermanos hicieran que tú...

CLEMENTINA
No seas idiota Amparo... el sexo en los niños se fija a los 5 años... y yo a esa edad... ya estaba enamorada de una puta ¡del "*bayou*" de mi madre!

AMPARO
Mamá fue muy buena conmigo... tenía sus cosas como es natural pero siempre quiso ayudarme... a su manera.

CLEMENTINA
Ese es el problema, que todas quieren ayudarnos... coño, pero que clase de ayuda... **(TR)** menos mal que madre hay una sola porque te imaginas si tuviéramos mas de una... sería terrible.

AMPARO
Yo tuve que batallar... ¡con mamá y papá!

CLEMENTINA
Estoy segura que si papá no se hubiera muerto... me habría entendido mejor que ella.

AMPARO
¿Por qué?

CLEMENTINA
Porque era más sensible... más tierno... más cariñoso que ella. Su problema era el negocio.

AMPARO
Hasta cierto punto es natural... tenía que sacarlos a ustedes adelante.

CLEMENTINA
Sí, pero... ¿a costa de qué? a un precio demasiado alto...

AMPARO
Ese es el gran problema de muchos padres...

CLEMENTINA
Ahora... de vieja... es que se lo perdono... pero cuando me enteré a lo que se dedicaba mi mamá... sufrí mucho... lloré. Me la imaginaba con hombres... traicionando la memoria de nuestro padre.

AMPARO
Tiene que haber sido muy duro para tí.

CLEMENTINA
Y para mis hermanos... al final todos lo supimos.

AMPARO
Afortunadamente supiste perdonar.

CLEMENTINA
Tuvo que estar muerta para que así fuera... **(TR)** creo que... cuando me dijeron que había fallecido... ¡hasta me alegré!

AMPARO
¡Jesús!

CLEMENTINA
Sentí un gran alivio, cuando supe que no existía.

AMPARO
¡Qué triste!

CLEMENTINA
Para ustedes la muerte es algo que no se enfrenta, para nosotros los mexicanos es algo que esta ahí... que hasta se disfruta.

AMPARO
Nunca se me olvidará como ustedes celebraban el día de los fieles difuntos.

CLEMENTINA
Mamá siguió con la costumbre de hacer el altar de muertos.

AMPARO
Le ponía comida...

CLEMENTINA
La preferida del difunto y la bebida que más le gustaba.

AMPARO
Siempre me pareció una costumbre bárbara.

CLEMENTINA
(**EN EL JUEGO**) Me da mucho gusto re-encontrarte.

AMPARO
A lo propio... bueno, no me has dicho de qué precio quieres la cortadora de hierba. (**TR**) Tengo que trabajar... si la supervisora me ve hablando, me van a botar.

CLEMENTINA
No te preocupes... yo te doy trabajo en mi compañía.

AMPARO
La tercera gran mentira.

CLEMENTINA
En este país hay que tener una compañía para poder sobrevivir.

AMPARO
Y me fui de Sears.

CLEMENTINA
Y yo te di trabajo.

AMPARO
Me hice "*Realtor*".

CLEMENTINA
Vendedora de Bienes Raíces.

AMPARO
Al principio fue duro.

CLEMENTINA
Hasta que aprendiste el idioma.

AMPARO
"Inglés Sin barreras".

CLEMENTINA
Ganaste mucho.

AMPARO
¡Ganamos!

CLEMENTINA
Eran buenos tiempos.

CLEMENTINA
(**BURLONA**) Que nunca más volverán.

AMPARO
Si quieres te ayudo a recoger... así acabarás mas pronto...

CLEMENTINA
"Y te irás más rápido". ¿No?

AMPARO
Más o menos.

CLEMENTINA
Tantas ganas tienes que me vaya...

AMPARO
Si te voy a ser sincera. Sí.

CLEMENTINA
(**HONDO SUSPIRO**) Todavía nos falta mucho para vernos las caras. Hay muchas cosas que arreglar.

AMPARO
(**RISA**)

CLEMENTINA
(**LA MIRA**)

AMPARO
(**RISA**)

CLEMENTINA
¿De qué te ríes?

AMPARO
(**MUERTA DE RISA**)

CLEMENTINA
Dime, para ver si me hace gracia y me rió también.

AMPARO
(**SE DOBLA DE LA RISA**)

CLEMENTINA
El chiste debe ser buenísimo.

AMPARO
(**RIÉNDOSE**) Ay, Dios mío... Ay que dolor de barriga.

CLEMENTINA
¡Por tu madre no te vayas a cagar aquí!

AMPARO
(**CALMÁNDOSE, LA MIRA MOLESTA**) Tú siempre con tus cochinadas.

CLEMENTINA
Algo se me tenía que pegar. **(TR)** ¿De qué te reías?

AMPARO
Estaba pensando en un matrimonio... la división de bienes... los hijos.

CLEMENTINA
En cuanto a eso llevamos ventaja...

AMPARO
Afortunadamente no adoptamos a ninguna criatura.

CLEMENTINA
Debe ser terrible para un niño la separación en una pareja *gay*.

AMPARO
Todas las rupturas son iguales.

CLEMENTINA
¡No... Porque en este caso... la separación es de dos "madres"!

AMPARO
¡Todo lo complicas!

CLEMENTINA
(SONRÍE) ¡La vida es complicada!

AMPARO
Sigamos con lo nuestro.

CLEMENTINA
Ya no es lo nuestro... es lo tuyo y lo mío.

AMPARO
¡Da igual!

CLEMENTINA
Como quieras... **(TR)** la vajilla me la llevo. Quédate con los cubiertos.

AMPARO
¿Con estos?

CLEMENTINA
Son los que usábamos... están completos.

AMPARO
¿Y los de plata?

CLEMENTINA
Esos me los llevo... son recuerdo de México.

AMPARO
Pero los compramos las dos. Yo pagué la mitad. Así que me corresponde la mitad.

CLEMENTINA
No pensarás descompletar un juego de cubiertos.

AMPARO
¿Por qué no? es para ocho personas... cuatro y cuatro de cada pieza. Y punto.

CLEMENTINA
Eso es una burrada.

AMPARO
No pienso tener mas de cuatro invitados en mis próximas comidas... tú siempre fuiste de molotes.

CLEMENTINA
No seas necia... no se puede hacer semejante cosa.

AMPARO
Por supuesto que se puede.

CLEMENTINA
Por ese camino, vas a dividirlo todo...

AMPARO
Diste en el clavo.

CLEMENTINA
No pensarás dividir el refrigerador.

AMPARO
Hay cosas que no... que tendremos que negociar.

CLEMENTINA
Por ejemplo.

AMPARO
Si te quedas con el televisor yo me quedo con el equipo de sonido.

CLEMENTINA
Por Dios... no puedo con tus mezquindades.

AMPARO
¿Mezquina yo?

CLEMENTINA
Más que eso... eres abyecta.

AMPARO
En ese caso somos una pareja abyecta.

CLEMENTINA
Ni sabes lo que quiere decir.

AMPARO
Debe ser algo muy jodido... Cuando lo dices tú.

CLEMENTINA
Búscalo en el diccionario, para que instruyas tu intelecto.

AMPARO
Hablando de diccionario... ¡me lo llevo!

CLEMENTINA
Tú me lo regalaste.

AMPARO
Tú también me regalaste el televisor y ahora te lo llevas.

CLEMENTINA
Me lo llevo porque me dijiste que no te interesaba... odias la tele.

AMPARO
Que odie la televisión no quiere decir que viva como un topo. Hay algunos programas interesantes...

CLEMENTINA
¿Te interesa esta lámpara halógena?

AMPARO
No... te puedes quedar con ella.

CLEMENTINA
Odias la luz porque se te ven las arrugas.

AMPARO
¿A qué viene eso? Eres tan superficial como mezquina.

CLEMENTINA
No me importa lo que digas... lo que cuenta es que no tendré que volver a verte la cara.

AMPARO
Dirás que no "tendremos" que vernos la cara... porque el sentimiento es mutuo.

CLEMENTINA
Menos mal porque en otras ocasiones... no me he podido deshacer de ti.

AMPARO
Acaba de recoger tus cosas y lárgate ya.

CLEMENTINA
Se levanta el telón... una mujer gritando.

AMPARO
Llévatelo todo... **(EMPIEZA A TIRARLE COSAS)** todo... no quiero tener nada que me recuerde tu "terrible" presencia.

CLEMENTINA
Se levanta el telón. Una mujer tirando trapos.

AMPARO
Me da lo mismo lo que digas o lo que hagas... lo que no quiero es volver a verte.

CLEMENTINA

Se levanta el telón... una mujer diciendo idioteces. ¿Cómo se llama la obra?

AMPARO

¡Vete a la mierda!

CLEMENTINA

"La mujer de mi vida". **(SE RÍE)**

AMPARO

(LE TIRA EL ORINAL)

CLEMENTINA

Nunca has tenido sentido del humor.

AMPARO

Cuando te vayas tira fuerte la puerta para saber que te has ido. **(ENTRA POR EL ARMARIO)**

CLEMENTINA

Despreocúpate... todavía me queda un buen rato.

AMPARO

(OFF) A lo mejor me quedo dormida sabiendo que voy a disfrutar de mi soledad.

CLEMENTINA

Que te aproveche y sueñes con los angelitos.

AMPARO

(OFF) (TIRA UN JARRÓN DE METAL U OTRO OBJETO)

ILUMINACIÓN: CAMBIA LA LUZ.

AMPARO

(SE SIENTA VENCIDA EN LA MECEDORA) ¡Ya no puedo más!

CLEMENTINA

(OFF) ¿Te das por vencida?

AMPARO
Casi.

CLEMENTINA
(OFF) En realidad ya nada vale la pena.

AMPARO
¿Por qué tienen que pasar estas cosas?

CLEMENTINA
(OFF) Es la vida.

AMPARO
La vida es una mierda.

CLEMENTINA
(OFF) ¡Con la que hay que alternar!

AMPARO
Fuimos tan felices.

CLEMENTINA
(SALIENDO) Como muchas parejas.

AMPARO
Quizás si no me hubiera divorciado, todo sería distinto.

CLEMENTINA
Estarías gorda como una vaca, con cuatro hijos... dos adolescentes... uno ganguero y la otra drogadicta... el mediano hipnotizado al televisor mañana tarde y noche... y el más chico del kinder a la casa... viendo a su papá tomando cerveza en short, con la panza abierta... Y los huevos al aire. ¡Maravilloso!

AMPARO
No todas las parejas *straight* tienen ese reflejo.

CLEMENTINA
Ni todas las parejas lésbicas tienen el nuestro.

AMPARO
No menciones esa palabra.

CLEMENTINA
Te produce el mismo horror que le producía a tu mamá.

AMPARO
¡Me molesta y basta!

CLEMENTINA
Para la gente como ustedes somos bichos raros, anormales o en mejor de los casos, depravados, o sencillamente degenerados.

AMPARO
¿Crees que realmente yo pienso así?

CLEMENTINA
Cuanto me hubiera gustado decirle a tu mamá que Oscar Wilde, Platón, Lorca, Federico el grande, Rey de Prusia, Felipe de Orleáns, Leonardo da Vinci, Miguel Ángel, Tchaikovski, Cocteau... fueron gays.

AMPARO
En ese listado no has mencionado a ninguna mujer gay.

CLEMENTINA
Pero las hay y muy famosas también ...Margaritte Yourcenaur, Gertrudis Stern, escritora inglesa, Eleonora Roosevelt, Cristina de Suecia, Greta Garbo, Virginia Wolf, Frida Kahlo (bisexual), Rydclife Holl, Safo, Claudette, todas ellas han trascendido en la historia, y no por su sexualidad precisamente.

AMPARO
La trascendencia histórica es muy relativa.

CLEMENTINA
Tu problema es que nunca saliste del closet.

AMPARO
Y el tuyo es que nunca me amaste de veras.

CLEMENTINA
El amor es un burdo barniz con el que cubrimos los más bajos instintos que nos permiten perpetuar la especie.

AMPARO

Así pudiera ser la relación hombre-mujer.

CLEMENTINA

Entre nosotros es diferente, porque no perpetuamos nada... por eso todo es más sincero.

AMPARO

Entre nosotros también existen los bajos instintos, como dices porque hay deseo carnal.

CLEMENTINA

Pero no nos acostamos para garantizar la supervivencia.

AMPARO

Nadie se acuesta pensando en eso.

CLEMENTINA

Esta implícito... es algo cultural que se trasmite de generación en generación.

AMPARO

¡Estás loca!

CLEMENTINA

Loca estuve por tí.

AMPARO

Por tus bajos instintos.

CLEMENTINA

Quizás empezó así... en Cuba... cuando eras una niña.

AMPARO

Y tú una adolescente... aquí... te hubieran acusado de abuso infantil.

ILUMINACIÓN: BAJA LA LUZ

CLEMENTINA

Amparito, mira lo que te traje.

AMPARO

Una trusa.

CLEMENTINA

¡Un bañador! Era mío... cuando era más chiquita... mi mamá te lo manda porque a mí ya no me sirve.

AMPARO

(RISITA) A mí me va a quedar grande.

CLEMENTINA

No... yo creo que ya te sirve... porque... ya te están creciendo los pechos...

AMPARO

(RISITA TÍMIDA)

CLEMENTINA

Ya tienes teticas... **(TR)** y seguro que ya te salieron pelitos ahí abajo.

AMPARO

(RISITA PENOSA)

CLEMENTINA

Mira también lo que te traje.

AMPARO

¿Qué es?

CLEMENTINA

Se la robé a mi hermano... es una maquinita de afeitar... para que empieces a afeitarte las piernas... y abajo de los brazos.

AMPARO

Mi mamá me dijo que si me afeitaba me salían más.

CLEMENTINA

Tu mamá no sabe nada. ¿A que no te dijo que en cualquier momento vas a tener sangre?

AMPARO

(ASUSTADA) ¿Sangre?

CLEMENTINA

Sí... sangre. **(LE DA KOTEX)**

AMPARO

¿Y eso qué es?

CLEMENTINA

Para que te lo pongas.

AMPARO

¿Dónde?

CLEMENTINA

¿Dónde va a ser?... ¡Ahí abajo!

AMPARO

(ASUSTADA) ¡Ahí!

CLEMENTINA

Te la vas a sentir mojada... y cuando te la veas... la vas a tener llenita de sangre.

AMPARO

¡Dios mío! ¿Y eso por qué?

CLEMENTINA

Es la señal para que no se la dejes tocar a ningún hombre... los hombres rompen... duelen... ensucian… **(TR)** en cambio... las mujeres nos ayudamos... nos cuidamos... nos acariciamos.

ILUMINACIÓN: CAMBIA LA LUZ.

AMPARO

Y tenías razón... mi marido fue un bestia la primera noche.

CLEMENTINA

(BURLONA) No todos los hombres son iguales.

AMPARO

Eso me dijo mi mamá cuando se lo conté. **(TR)** Al otro día debí dejarlo.

CLEMENTINA
Pero tu mamá te dijo: "la mujer debe seguir al marido siempre, estamos hechas para tener hijos y sufrir... para eso nos creo Dios". La mía lo repetía sin parar.

AMPARO
Era otra generación.

CLEMENTINA
Yo nunca permití que nadie me doblegara, que me dictara normas de conducta, ni aún mi propia madre.

AMPARO
Fuiste más fuerte.

CLEMENTINA
No... **(TR)** estoy convencida de lo que soy y de lo que quiero en la vida...

AMPARO
Es verdad.

CLEMENTINA
Si tanto anhelabas una relación con un hombre, ¿por qué viviste tantos años conmigo?

AMPARO
Porque te amaba.

CLEMENTINA
(EVADE SU MIRADA) ¡Chingaderas... pendejadas! **(SE SIRVE UN TRAGO)**

AMPARO
Nunca confiaste en mí... que he sido tu mejor amiga.

CLEMENTINA
Los amigos son inversiones que se hacen para mejorar nuestra imagen hacia los demás.

AMPARO
¡Tu cinismo me asquea!

CLEMENTINA
Siempre te he asqueado.

AMPARO
(EVADE SU MIRADA)

CLEMENTINA
(BEBE) Ves... el que calla otorga.

AMPARO
De mi sí, he sentido asco.

CLEMENTINA
Nunca has admitido tu verdadera sexualidad.

AMPARO
¡No! ¡No!... ¡me revelo! porque yo he sentido con un hombre lo que jamás voy a sentir con una mujer.

CLEMENTINA
Eso lo dices para agredirme.

AMPARO
No... lo digo porque lo siento de verdad.

CLEMENTINA
¡Mentira... mentira...! Cuando te tuve entre mis brazos y te amé como jamás hombre alguno podrá hacerlo... te olvidabas de todo. Tu cuerpo entero... tus poros... cada milímetro de tu piel... vibraban ante mis caricias.

AMPARO
Que autosuficiente eres... tu visión es ¡limitada, parcial! **(LA EVADE)** no sabes como se goza... como se siente... cuando la posesión es completa... cuando se realiza a plenitud con los atributos masculinos.

CLEMENTINA
(DESPECHADA) ¿Qué? ¿Lo usabas con vibrador de baterías o conectado a la corriente?

AMPARO
No era de carne y sangre... indomable y tibio... con el pecho encrespado y el bigote perfumado de deseo, cabalgando sobre la espuma blanca de la

luna y el cielo negro salpicado de sudor... proyectándonos al vacío infinito que produce el verdadero placer entre un hombre y una mujer.

CLEMENTINA
Mientes... toda tu vida ha sido una mentira... y lo peor es que me has engañado todos estos años.

AMPARO
No es verdad. Quizá he estado confundida.

CLEMENTINA
¿Confundida? Confundida y me buscabas noche tras noche... gimiendo de ansias y de placer. ¡Por favor! Estás hablando conmigo... hasta donde pretendes llegar.

AMPARO
Los sentimientos a veces confunden nuestros sentidos.

CLEMENTINA
Los tuyos han estado confundidos de la cintura hacia abajo todos estos años.

AMPARO
Me quieres enredar.

CLEMENTINA
Ya no quiero nada. Estoy cansada... agotada... lo único que quiero es no verte más.

AMPARO
Clementina, yo te quiero...

CLEMENTINA
Ver bajo los rieles de un tren.

AMPARO
No... te quiero como una amiga.

CLEMENTINA
No podemos ser amigas... porque hemos sido amantes durante doce años.

AMPARO
Doce años es mucho tiempo.

CLEMENTINA
¡Una eternidad!

AMPARO
Todavía tenemos tiempo.

CLEMENTINA
¿De qué? Lo tendrás tú... recuerda que cuando empezaste a gatear ya me afeitaba las piernas.

AMPARO
Eres una mujer atractiva.

CLEMENTINA
(REPROCHE) Ah... ya no soy una *¡truck driver!*

AMPARO
Nunca lo fuiste. Siempre te dije que lo que más te gustaba de ti era tu feminidad.

ILUMINACIÓN: BAJA LA LUZ.

AMPARO
Si buscara un "bombero" me "enredaría" con un hombre.

CLEMENTINA
A mí me ocurre lo mismo... me gustan las mujeres... por eso me gustas tú... así... frágil y delicada como una muñequita de porcelana... tienes la piel suave como el *biscuit*... y esa expresión ingenua... casi infantil... me vuelve loca... (LA BESA EN LA BOCA)

ILUMINACIÓN: SUBE LA LUZ.

CLEMENTINA
(AVANZA A PROSCENIO) Cuánto hubiera dado por morirme con uno de tus besos... nunca nadie me ha besado así.

AMPARO
(LLORA EN SILENCIO)

CLEMENTINA
Nunca nadie me ha estremecido como lo has hecho tú. **(LLORA EN SILENCIO)**

AMPARO
Lo siento.

CLEMENTINA
No lo sientas... me hiciste disfrutar mucho. **(TR)** Una loquita amiga mía dice que ninguna mujer puede hacer gozar a un hombre lo que otro hombre puede hacerle sentir... **(TR)** eso aplica en nosotras las mujeres.

AMPARO
Son teorías. **(TR)** pero eso no es lo que cuenta... Lo más importante son los sentimientos.

CLEMENTINA
Los sentimientos son impulsos que lanza el cerebro llamados instintos... estos se mueven por todo el cuerpo desviando una pequeña parte al corazón para disfrazar toda la podredumbre que llevamos aquí... **(SEÑALA LA CABEZA)** y que se llama sexo.

AMPARO
Para ti, ni el amor ni el cariño existen... solo se trata de algo podrido que se llama sexo... cuando te oigo hablar así. Quisiera no haberte conocido nunca.

CLEMENTINA
Pero lo cierto es que nos conocimos... ¡y de que manera *baby*!

AMPARO
Ya es hora de terminar.

CLEMENTINA
Por mi todo está terminado.

CLEMENTINA HA IDO COLOCANDO SUS COSAS EN UN RINCÓN DE LA ESCENA.

AMPARO
Faltan los asuntos legales.

CLEMENTINA
Eso lo trataran nuestros abogados.

AMPARO
Habrá que esperar la venta de la casa.

CLEMENTINA
Lo del dinero en el banco será más fácil.

AMPARO
Claro.

CLEMENTINA
Quédate con la "Mora"...

AMPARO
Y tú con *Flyper*... aprendió a cantar con tus silbidos.

CLEMENTINA
La pecera con los *gold fish*... te la puedes quedar.

AMPARO
No... No voy a tener tiempo para limpiarla y darles de comer. Quédatela tú.

CLEMENTINA
Yo tampoco voy a tener tiempo.

AMPARO
Entonces regálasela a tus sobrinos... o véndela.

CLEMENTINA
Lo mejor será darle un banquete a la Mora... me imagino que siempre soñó con comerse la pecera entera.

AMPARO
Ves, todo en la vida se resuelve.

CLEMENTINA
Todo menos la muerte.

AMPARO

¡Menos la muerte!

SE HACE UN PENOSO SILENCIO INTERRUMPIDO POR GORJEO DEL CANARIO.

AMPARO

Es mejor que te vayas de una vez.

CLEMENTINA

Sí, es mejor... **(TR)** pero antes de irme quiero preguntarte una sola cosa.

AMPARO

Dime.

CLEMENTINA

¿Cómo se llama?

AMPARO

¿Quién?

CLEMENTINA

Mi relevo.

AMPARO

¿Qué relevo?

CLEMENTINA

Mi sustituto...

AMPARO

(RÍE)

CLEMENTINA

¿De qué te ríes?

AMPARO

(RÍE)

CLEMENTINA

Por favor no empieces...

AMPARO

Si te dijera que es Augusto... el payaso engominado.

CLEMENTINA

¿El de tus quince?

AMPARO

Vino para este país al principio... se estableció... se casó... tiene hijos... nietos...

CLEMENTINA

¿Cuándo lo viste? ¿Cómo se encontraron?

AMPARO

Eso ya no importa.

CLEMENTINA

¿Se divorció?

AMPARO

(ASIENTE) Nos reímos mucho... recordando el baile de los "Curros Enríquez" **(TR)** le conté que estabas aquí... que nos encontramos.

CLEMENTINA

¿Y qué te dijo?

AMPARO

¿Qué tenía que decirme?

CLEMENTINA

¿Te contó algo?

AMPARO

¿Que tenía que contarme? **(TR)** ¿Lo que tú me dijiste? ¿Que te lo dormiste aquella noche y que lo violaste mientras estaba borracho?

CLEMENTINA

(LA EVADE)

AMPARO

No... no me dijo nada. **(TR)** Yo fui la que le conté lo nuestro.

CLEMENTINA
Le dijiste que tú y yo...

AMPARO
Vivíamos hacia doce años juntas.

CLEMENTINA
¿Cómo *roommate* o cómo pareja? le dijiste que somos...

AMPARO
(INTERRUMPE) No hizo falta... el entendió perfectamente.

CLEMENTINA
Siempre pensé que era un cerebral... seguro daría cualquier cosa por espiarnos haciendo el amor por el hueco del cerrojo.

AMPARO
Te equivocas... le conté mi fracaso matrimonial... me dijo que entendía lo que me pasaba.

CLEMENTINA
¡Me pegaste los cuernos con él!

AMPARO
¡No!

CLEMENTINA
Me largo.

AMPARO
Haz lo que quieras... ¡pero él si me contó!

CLEMENTINA
¿Qué te contó?

AMPARO
Lo que realmente sucedió aquella noche.

CLEMENTINA
¿Qué noche?

AMPARO
La de mis quince.

CLEMENTINA

Tú sabes perfectamente lo que pasó.

AMPARO

Fuiste a su casa y le dijiste que me dejara tranquila... que tú me querías para tí... lo alejaste de mi vida, inventando que ya tú y yo teníamos relaciones.

CLEMENTINA

¡Mentira!

AMPARO

Claro que mentira... todo fue una sucia patraña para apartarlo de mi camino, porque tú y yo no éramos nada entonces... ni yo pensaba en semejante cosa.

CLEMENTINA

Te quería demasiado.

AMPARO

¿Por qué inventaste que te habías acostado con él? que lo habías violado hasta el punto de quebrar su masculinidad.

CLEMENTINA

(LA EVADE)

AMPARO

¿Dímelo, por qué?

CLEMENTINA

Porque necesitaba hacerte creer que estaba convencida de que no me gustaban los hombres.

AMPARO

¿Y en el fondo no lo estás?

CLEMENTINA

¡Absolutamente! ¡No tengo la menor duda!

AMPARO

Entonces, ¿por qué el engaño?

CLEMENTINA
Quería que me vieras de igual a igual... **(TR)** pero lo cierto es que nunca me ha penetrado un hombre... ¡afortunadamente!

AMPARO
No sabes lo que te has perdido.

CLEMENTINA
Quizás. Pero me siento tranquila conmigo misma. No lo necesito. Bien sabes que nunca he jugado a meter la bola en la cesta.

AMPARO
Tú te lo pierdes.

CLEMENTINA
Y tú te pierdes una gimnasia que no conoces.

AMPARO
Prefiero otro deporte.

CLEMENTINA
Siempre fuiste una *"amateur"*...

AMPARO
Es verdad. Nunca más jugaré en "las grandes ligas".

CLEMENTINA
(TOMA LA MALETA) Adiós Amparo.

AMPARO
Adiós Clementina.

CLEMENTINA
(INICIA ENTRADA POR EL ARMARIO) Mandaré a alguien por estas cosas.

AMPARO
Ahí estarán esperando a que te las lleves.

CLEMENTINA
¡Que seas muy feliz!

AMPARO
¡Lo mismo... te deseo!

CLEMENTINA ENTRA POR EL ARMARIO.

AMPARO SE SIENTA EN LA MECEDORA.

SONIDO: TEMA.

AMPARO SE LEVANTA DE UN SALTO. TOMA UN VESTIDO DE NOCHE... SE LO PONE... SE MAQUILLA... SE SUBE EL PELO... SE PERFUMA... SE PONE UN COLLAR... PREPARA DOS COPAS... UNA BOTELLA DE CHAMPAGNE. ARREGLA EL LUGAR... PONE FLOR EN UN JARRÓN.

EFECTOS: TOQUES EN LA PUERTA.

AMPARO
¿Quién es?

AUGUSTO
Soy yo Amparito...

AMPARO CORRE AL TOCADISCOS Y PONE UN DISCO.

SONIDO: DANUBIO AZUL.

AMPARO CORRE AL ESPEJO... SE ARREGLA NUEVAMENTE... SE PERFUMA... SE PONE ARETES...

AUGUSTO
Amparo... ¿estás ahí?

AMPARO
Enseguida abro.

AMPARO LENTAMENTE AVANZA AL ARMARIO Y ABRE LA PUERTA.

AMPARO
¡Adelante! Augusto, ¡adelante! te estaba esperando.

ENTRA CLEMENTINA, VESTIDA DE HOMBRE, LLEVANDO SOMBRERO Y BIGOTE.

SONIDO: SUBE MÚSICA.

ILUMINACIÓN: LENTAMENTE SE APAGAN LAS LUCES.

FIN

* (Refrán cubano, bicho se atribuye a insecto)

EL REGRESO DE LA CONDESA

(COMEDIA EN DOS ACTOS)

Desde las dos orillas

A TODOS LOS SERES HUMANOS DE TODAS LAS CLASES, RAZAS Y RELIGIONES QUE, DE UNA MANERA U OTRA, HAN SUFRIDO EL EXILIO. "EL REGRESO DE LA CONDESA" ES EL REVERSO DE LA TRAGEDIA DE UNOS HOMBRES Y MUJERES SIN PATRIA. ES LA CONTRAPARTIDA DE LO QUE SERÁ EL MOMENTO DE LA VERDAD. LA PREGUNTA OBLIGADA. ¿EL QUÉ SERÁ? EL ENCUENTRO DE TRES GENERACIONES, DE DOS CULTURAS CON UNA MISMA RAÍZ, DE DOS HIJOS EXTRAÑOS NACIDOS DE UNA MISMA MADRE: LOS DE ALLÁ Y LOS DE ACÁ O LOS DE ACÁ Y LOS DE ALLÁ.

"EL REGRESO DE LA CONDESA" ES UN JUEGO CÓMICO EN EL TIEMPO QUE VENDRÁ, ES LA TRAVIESA PREGUNTA QUE TODOS NOS HACEMOS A DIARIO. ES UN DIVERTIMENTO PARA REFLEXIONAR, PARA REÍR PENSANDO, MIENTRAS LLEGA EL GRAN DÍA.

EL AUTOR

PRIMER ACTO

PERSONAJES:

(Por orden de aparición)

FERMINA

MARIA EUGENIA CAMPOFINO VILLAREAL

ARTURO

VICELMA

CACHA

PAPAÍTO

CUANDO SE ABRE EL TELÓN APARECE EL ELEGANTE SALÓN DE LA CASA DE LA CONDESA EN MIAMI. UNA RÉPLICA QUE RECUERDA SU SUNTUOSO PALACETE EN LA HABANA. ENTRA FERMINA CON SENDAS MALETAS. PAQUETES Y CAJAS.

FERMINA
¡Me van a volver loca! ¡En esta casa todo el mundo está arrebatado! ¡Ya no puedo más! Este es el último mes que trabajo en este manicomio. A mí si es verdad que no me van a desquiciar. ¡Qué va! (**ACOMODA LAS MALETAS**)

CONDESA
(**OFF**) ¡Cállate ya!

FERMINA
¡No me callo nada! ¡Me vas a tener que oír!

CONDESA
(OFF) ¡Hace treinta años que te estoy oyendo!

FERMINA
¡Pero este si va a ser el último!

CONDESA
(OFF) ¡Hace treinta años que estás diciendo lo mismo!

FERMINA
Pero esta vez si es en serio. Sí, ya sé que hace 30 años que lo estoy repitiendo. Pero esta vez me cansé. Si tú estás loca, yo no... Yo estoy en mis cabales y no me da la gana que por tus caprichitos de alcurnia trasnochada y fuera de tiempo me vayas a "resalar" la vida... "mi vida" a última hora.

SONIDO: TIMBRE DE TELÉFONO.

FERMINA
(RESPONDE AL TELÉFONO) ¡Oigo!

CONDESA
(OFF) Hace treinta años que te estoy diciendo que el teléfono no se contesta así.

FERMINA
(EN INGLÉS CON ACENTO) Condesa de Luyanó's home. *What can I do for you?*

CONDESA
(ENTRA A ESCENA) *Really, much better!*

FERMINA
Ah, ¿eres tú? **(APARTE)** ¡Es Arturito!

CONDESA
¡Déjame hablar con mi nieto!

FERMINA
Un momento que estoy hablando yo. **(TR)** Sí, es que no me deja hablar con nadie. Me tiene media loca o loca entera. **(TR)** No Arturito... no he podido quitarle esa idea de la cabeza. Yo no puedo hacer nada. Estoy a punto de coger la puerta de la calle y largarme pa' Hialeah a casa de mi hermana Asunción.

CONDESA
(DISPLICENTE SE SIENTA A ESPERAR)

FERMINA
No... si no lo he hecho es precisamente por consideración a los años que llevo en la familia... y por tí Arturito. Pero ya estoy hasta el último pelo mijito.

CONDESA
¡Oh my God!... ¡Cuando dejarás de quejarte!

FERMINA
Sí, está aquí, oyéndolo todo y diciendo **(LA IMITA)** ¡Oh my God! **(TR)** Si *God* se apiadara de mí, lo que debía hacer es ponerme un cohete y mandarme al espacio. **(LE DA EL AURICULAR A LA CONDESA)**

MUTIS DE FERMINA.

CONDESA
¡Qué tal querido Arturito! ¡No le hagas caso a esta histérica! Todo está marchando a las mil maravillas hijito. No hay nada por qué preocuparse. **(P)** Eso me lo has dicho, pero ya está decidido, y tú sabes que cuando una Campofino toma una decisión, es inalterable.

FERMINA
(SALE CON MALETA Y PAQUETES) **(LA IMITA)** ¡"Inalterable"!

MUTIS DE FERMINA.

CONDESA
Arturito, es inútil que continúes por ese camino. Lo tengo previsto todo... y todo se hará según mis deseos... ¡como siempre!

FERMINA
(SALE CON MÁS PAQUETES) (LA IMITA) ¡"Como siempre"!

(HACE GESTO VULGAR CON LA MANO)

CONDESA
¡Grosera! **(SIN MIRARLA) (TR)** ¡No hijo, no es contigo!... es con Fermina, ya la conoces, estoy segura que hizo una seña obscena... **(P)** ¡No sé como no la pongo de patitas en la calle!

FERMINA
Hace cuarenta y nueve años, diez meses y cinco días, que tengo una patica en la calle y otra aquí.

CONDESA
¡Todo en la vida tiene un límite! Y ya estoy llegando al mío. Como esta situación continúe voy a tener que prescindir de la servidumbre.

FERMINA
(RÍE) ¿La servidumbre? ¡Ay que graciosa! **(IRÓNICA)** ¡Toda la servidumbre soy yo!

CONDESA
Ya se me ha colmado la copa. Incluso no creo que sea prudente, ni conveniente que el paso que voy a dar lo haga con personas que no se merecen, ni se han merecido nunca mi confianza.

FERMINA
Eres un disco rayado... Estás diciendo lo mismo hace cuarenta y nueve...

CONDESA
(TAPA EL AURICULAR) ¡Cállate! **(TR)** No hijo, no te preocupes que no está por aquí.

FERMINA
¡Hay que tener fuerza de cara!

CONDESA
Bueno Arturito... cambiando el tema. Supongo que me llamas para confirmar que vienes a tomar el té y unas pastas a las cinco.

FERMINA
(LA IMITA) ¡El té y unas pastas!

CONDESA
Está bien queridito... te espero. **(BESO) CUELGA EL TELÉFONO.**

CONDESA
¿Me preparaste el baño?

FERMINA
¿También?

CONDESA
Tú sabes perfectamente que a las 12 en punto tomo mi baño de sales y me doy los masajes con Madame Lolita.

FERMINA
¡No! Hoy sí que no. Hay mucho que recoger para eso.

CONDESA
Fermina en esta casa la señora soy yo.

FERMINA
¡No me importa! ¡Es que no ves que todo está patas pa'rriba!

CONDESA
Eso no es óbice.

FERMINA
Obesa estas tú, por comer tantos bombones, desayunar tantos pasteles de guayaba y dispararte "Las cuatro leches" de postre.

CONDESA
¡Dios mío, no entiendes nada! **(TR)** No menciones esas golosinas, que sabes que despiertan mi apetencia.

FERMINA
¿Qué yo te la despierto? ¡Sí, como no...! ¡Tu inapetencia siempre está desvelada chica! Si lo único que haces es comer, con esa hambre insaciable que nunca termina.

CONDESA
Es la ansiedad que tengo desde que llegue a este país. *Anyway*, hoy tengo que darme mi baño de sales y mis masajes con Madame Lolita.

FERMINA
¡Me cache en...!

CONDESA
Fermina. ¡Déjalo todo como está y prepara el baño antes que llegue mi nieto! ¡Es una orden!

FERMINA
Eres más terca que una mula.

(FERMINA INICIA MUTIS)

CONDESA
(LO REVISA TODO) ¿Has hecho el inventario de las maletas Fermina?

FERMINA
(MOLESTA) ¡No!

CONDESA
¿Todavía?

FERMINA
Es que me he pasado todo el día jugando golf, mi querida María Eugenia. (COGE PALO DE GOLF)

CONDESA
No empieces.

FERMINA
¡Hay tiempo hasta que Arturito llegue!

CONDESA
Hoy no quiero. Todavía falta mucho por recoger, quiero ser de las primeras en llegar.

FERMINA
Hay tiempo para todo, ya "la mula de carga" ha trabajado bastante, y ahora le toca distraerse un rato. (TR) ¿Empiezas tú ó empiezo yo?

CONDESA
¡Te he dicho que no quiero jugar!

FERMINA

Entonces, empiezo yo.

CONDESA

¡Fermina!

FERMINA

(JUGANDO) Mariíta... Fermina se ha marchado para casa de su familia... de esa horrible familia que tiene en ¡Aguada de Pasajeros! **(1)** ¿Me oíste Mariíta?

CONDESA

¡Te he dicho que no me gusta que me digas Mariíta! ¡Te lo he dicho mil veces!

FERMINA

Tu prima Cayetana siempre te llamaba así. Tienes que aguantarlo callada. No puedes interrumpir el juego.

CONDESA

Ya te dije que no quiero jugar.

FERMINA

¡Pero yo sí! **(TR)** Pues como te decía Mariíta, ¿no sé hasta cuando vas a permitir que esa andrajosa trabaje de mucama en esta casa?

CONDESA

¿Y qué voy a hacer? Al menos a ella la conozco. Hace mucho que está al servicio de la familia.

FERMINA

Tienes razón. Al menos conocemos a la madre que fue cocinera de tu tía Paulina. Realmente son espantosos, pero honrados y decentes... eso sí... y por la porquería que les pagas no puedes pedir más.

CONDESA

¡Porquería... y la mantengo! ¿Sabes "tú" lo que cuesta todo lo que se come? ¡Y lo que "no veo" que se come!

FERMINA

(ROMPIENDO) ¿Qué quieres decir?

CONDESA
Está prohibido salirse del juego.

FERMINA
(VOLVIENDO AL JUEGO) Sí, yo sé lo que cuesta eso... una insignificancia, si lo tiramos contra lo que te comes tú... y tu perra Titina.

CONDESA
Titina es un pajarito comiendo.

FERMINA
Igual que tú Mariíta... un pajarito. (TR) ¡Un avestruz!

CONDESA
Te estás propasando para tu propio beneficio. Eso no se vale.

FERMINA
(EN EL JUEGO) Mariíta, que menos puedes hacer que darle un miserable plato de comida, digo miserable porque con la horrible dieta que dices que llevas esa pobre infeliz se moriría de hambre.

CONDESA
Has utilizado la palabra miserable dos veces.

FERMINA
En esta casa todo es miserable, por lo tanto se vale.

CONDESA
¿Y por qué no te largas si todo es tan miserable?

FERMINA
(EN EL JUEGO) A mí no me hagas caso prima. Pero la dama de compañía de las Gutiérrez Pallí, le dijeron a la cocinera de los Hernández Toledo, que tu criada no se iba de la casa, porque el chofer de los Pérez Zurquillo, le habían contado al jardinero de los Sánchez Bengoechea y esta a su vez le había asegurado a la manejadora del hijito de los Fernández del Valle, que tu abogado le había dicho a su esposa durante un paseo por los jardines de su casa en *Key Biscayne*, que tú la ibas a incluir en el testamento y que ella no se iba a perder esa herencia...

CONDESA
(RÍE A CARCAJADAS) ¡Qué buen chiste!

FERMINA
(EN EL JUEGO)... ¿Después que tanto se ha sacrificado y tantos buches amargos ha tragado por tu familia, no sé por qué te ríes? (TR) ¡Sigue jugando!

CONDESA
¡De veras que esa Fermina es idiota!

FERMINA
No se valen los insultos. (TR) Después de todo, bien que podrías recompensarla en algo.

CONDESA
¡Ella no se lo merece!

FERMINA
Primita, a mi no me engañas, sé que tienes buen corazón. Estoy segura que no vas a permitir que una mujer que dedicó toda su vida a servirte, se vea en la calle cuando sea una vieja cañenga. ¡Tú, que eres tan piadosa, no vas a querer eso, para la infeliz Fermina!

CONDESA
El purgatorio es para todos por igual.

FERMINA
(SALIENDO DEL JUEGO) Coño, pero para algunos es más igual que para otros.

CONDESA
Si empiezas con groserías no sigo jugando.

FERMINA
Luego entonces... ¿La desheredaste?

CONDESA
¡Nunca testé a su favor!

FERMINA
¡Desde chiquita fuiste avara, egoísta y tacaña, como tu abuela!

CONDESA
Deja a mi abuela tranquila. **(TR)** Dije que nunca la incluí en mi testamento.

FERMINA
¿Nunca?

CONDESA
¡Nunca!

FERMINA
Estoy segura que llegado el momento cambiarás de opinión.

CONDESA
¡Jamás!

FERMINA
¡Hija de pu…!

CONDESA
¡Se acabó!

FERMINA
(RÁPIDA) Pensándolo bien, es cierto. Yo tampoco lo haría.

CONDESA
Menos mal que tú me entiendes Cayetana. A la servidumbre, siempre hay que mantenerla a raya, como cuando jugábamos a las casitas en el jardín de la casa del Vedado. (2)

FERMINA
Aquella que te construyeron de mampostería, y que el padre de Fermina amuebló, con los mueblecitos que hizo con sus propias manos y por los que le pagaron una porquería.

CONDESA
Mi papá le pagó lo que valían en aquella época.

FERMINA

Allí jugábamos tú y yo... mientras que ella miraba desde la cocina sonándose los mocos en el delantal de su andrajosa madre.

CONDESA

No sigas.

FERMINA

Te acuerdas Mariíta, siempre jugábamos juntas. Papá y mamá siempre decían que parecíamos hermanas. Juntas fuimos a María Auxiliadora, **(3)** juntas hicimos la primera comunión, juntas nos confirmamos, juntas celebramos los quince, en *Sans Souci*. **(4)**

CONDESA

Y juntas nos casamos en San Agustín **(5)** de Miramar. **(6)**

FERMINA

Con diferentes maridos.

CONDESA

(**LA MIRA RÁPIDA**) ¡Y juntas tuvimos nuestro primer hijo!

FERMINA

(**SALIENDO DEL JUEGO**) Chica, si todo lo hicieron juntas como supiste cuál era el padre de...

CONDESA

Si empiezas con tus cochinadas...

FERMINA

Y juntas emprendimos el duro camino del exilio.

CONDESA

(**SUSPIRA SINCERA**) Aquella despedida. ¡La casa!

FERMINA

Mi cocina.

CONDESA

¡Mi Mercedes Benz!

FERMINA
¡Mi Mercedes Valdés! **(TR)** ¡Mi viejita!

CONDESA
Tú quisiste irte con nosotros. Yo no te obligué a...

FERMINA
Ya lo sé, pero toda la vida me reprocharé haberla dejado atrás.

CONDESA
Cuando quisimos traerla ella no quiso.

FERMINA
Mi hermana había parido y el marido estaba con aquello.

CONDESA
No fue culpa tuya. Ni mía tampoco. Hicimos lo que pudimos. Fue el destino.

FERMINA
¡No! Fue el degenerao de Fidel.

CONDESA
Si te empiezas a expresar así...

FERMINA
¿Chica ni con el desgraciao ese una se puede soltar el moño?

CONDESA
¡No hay necesidad!

FERMINA
¡Es que yo no puedo ser tan "fista" tanto rato!

CONDESA
Mira la hora que es. Ve preparándome el baño. Arturito está al llegar y quiero precisar todos los detalles.

FERMINA
Ya lo jodiste todo.

CONDESA

¡Fermina!

FERMINA

Está bien! Voy a prepararte el baño. Te estás poniendo vieja... más que vieja, empiezas a chochear. Antes jugábamos horas y horas y no te ponías tan frenética cuando decía malas palabras como ahora.

CONDESA

Nunca me han gustado. Ni en María Auxiliadora, ni cuando las decía Cayetana en francés... cuando estudiamos en Suiza.

FERMINA

Ya me sé el cuento... lo has hecho miles de veces... ¡te repites!

CONDESA

¡Cada día estás más tonta!

FERMINA

(IMITÁNDOLA) ¡Tonta! (TR) Si es lo que yo digo... no pareces cubana. Allá se dice: ¡comemierda, hija...!

CONDESA

Eres lo más chusma que he conocido en mi vida.

FERMINA

Lo mismo dices de Álvarez Guedes (7) pero mira, ha hecho más dinero que tú con sus coños y carajos porque es cubano. ¿Me entiendes? ¡cubano! ¡Y no es ningún chusma!

CONDESA

¡Fermina!

FERMINA

¡Ya... ya te voy a preparar el baño! ¿Qué sales quieres?

CONDESA

¡Rosas!

FERMINA

(LE IMITA) ¡Rosas! (SALIENDO) No sé como he podido aguantar tanta comemierdería todos estos años. **(SALE FARFULLANDO)** Cualquier día de estos le echo "sales" pero del Sedano... **(8)**

HACE MUTIS.

CONDESA
(SUSPIRA) (LA CONDESA AVANZA HACIA EL TOCADISCO ESCOGE UNO)

SONIDO: INVITACIÓN AL WALTZ OP. 65 (ORQUESTACIÓN DE H. BERLIOTZ)

FERMINA
(OFF) ¡Otra vez!

CONDESA
Déjame tranquila.

FERMINA
Pensé que no querías jugar más.

CONDESA
No, no quiero.

FERMINA
(OFF) ¡Ja, ja, ja! (TR) No me hagas reír que tengo el labio...

CONDESA
(INTERRUMPE) Te digo que no quiero. Prefiero a mis fantasmas.

FERMINA
(OFF) Te veo venir. 31 de diciembre de 1950.

CONDESA
El salón del Habana Yacht Club **(9)** resplandecía.

SONIDO: SUBE MÚSICA.

COMIENZA EL JUEGO.

ILUMINACIÓN: ENSUEÑO.

ENTRAN PAREJAS DE BAILE, UN CABALLERO SACA A BAILAR A LA CONDESA.

OTILITA (VILCEMA)
Cayetana, el vestido de Marííta es un sueño. ¿Lo compró en Miami o en New York?

CAYETANA (FERMINA)
¡Se lo trajeron de París!

OTILITA (VILCEMA)
¿Quién? Una cigüeña se lo dejó por la chimenea. **(RISAS)**

CAYETANA (FERMINA)
Se lo compró el doctor en una boutique en *Les Champs Elisses*.

OTILITA (VILCEMA)
Hija con lo flaca que está ponerse un estraples, todo lo que tiene es relleno.

CONDESA
Lo decía por envidia, porque ella estaba Gorda como una ballena. Las masas se le salían a pesar del corsé que le hacía a la medida una corsetera que vivía en Prado y Malecón.

CAYETANA (FERMINA)
Aquella noche bailaste con Augusto toda la noche.

CONDESA
Toda no. Bailamos el vals de apertura. Un danzón y un *"fox trot"*. Después pasó lo que pasó... del disgusto olvidé el nombre de las piezas que bailamos. Con el tiempo supe que fue "Invitación al Vals", lo primero que tocó la orquesta.

CAYETANA (FERMINA)
Cuando terminó la pieza salieron a la terraza.

SONIDO: CESA MÚSICA.

CONDESA
En mala hora... ¿por qué me lo recuerdas?

AUGUSTO (PAPAÍTO)
¿Vamos a la terraza?

CONDESA
Bueno...

AUGUSTO (PAPAÍTO)
¿Te cansó el baile?

CONDESA
No. ¿Y a tí?

AUGUSTO (PAPAÍTO)
Que va... **(P)** la noche está preciosa. **(TR)** ¡Como tú!

CONDESA
(SE ABANICA PRESUROSA)

AUGUSTO (PAPAÍTO)
Te has puesto roja como esas rosas.

CONDESA
¿Si? **(TR)** Bueno, debe ser por las cosas que dices.

AUGUSTO (PAPAÍTO)
Es que cuando miro a las estrellas me pongo romántico.

CONDESA
(RISITA)

AUGUSTO (PAPAÍTO)
Hoy estás muy linda Maricusa...

CONDESA
Nadie me dice así: ¡Maricusa! **(RISITA)**

AUGUSTO (PAPAÍTO)
Por eso te lo digo yo, ¡Para ser el único!

CONDESA
(ESTORNUDO)

AUGUSTO (PAPAÍTO)
¿Tienes frío?

CONDESA
Un poquito. **(ESTORNUDO)**

AUGUSTO (PAPAÍTO)
(SE QUITA EL SACO) ¡Te resfriaste!

CONDESA
Parece que me está cayendo catarro.

AUGUSTO (PAPAÍTO)
Esto te abrigará...

CONDESA
(ESTORNUDA)

FERMINA
Y volviste a estornudar.

CONDESA
Y sin proponérmelo se me infló en la nariz un globo con la secreción mucosa que tenía acumulada.

FERMINA
Mira que tu madre te dijo veces: ¡"Mariíta, suénate la nariz"! **(TR)** ¡Pero tú tenías la dichosa manía de resoplar los mocos!

CONDESA
¡Cállate! No tenía pañuelo... Además... ¿Cómo iba a sonarme delante de Augusto?

FERMINA
¡Era preferible sonarse antes de que se te inflara el globo!

CONDESA
¡No llevé pañuelo! **(LLOROSA)** ¡Y aquello crecía y crecía!

FERMINA
¡Y tú sin hacer nada!

CONDESA
No podía... ¡estaba en *shock*!

FERMINA
¡Hasta que Augusto, previendo que el globo se los tragara a los dos, optó por pincharlo con la punta del dedo!

CONDESA
(SE CUBRE EL ROSTRO SOLLOZANDO) ¡Qué horror! ¡Qué asco!

FERMINA
¡Y pusiste pies en polvorosa!

CONDESA
No podía hacer otra cosa que huir... huir... Todo ocurrió en fracción de segundos.

FERMINA
Corriste como "La Cenicienta" huyendo del Palacio.

CONDESA
Augusto no se atrevió a seguirme... estaba tan apenado.

FERMINA
¡Y embarrado me imagino!

CONDESA
(SOLLOZA) (SALIENDO DEL JUEGO) ¡Cállate! ¡Se acabó, no juego más!

FERMINA
¿Ya tienes listo el baño?

CONDESA
Aquel globo cambió el rumbo de mi vida.

FERMINA
No empieces. Vete a bañar antes que llegue tu nieto.

CONDESA
¿Cómo es posible que un globo, un simple globito, pueda torcer el rumbo de dos personas? **(TR)** Por eso aborrezco a los globos, en las fiestas de mi hijo nunca hubo globos, ni en las de de mi nieto. Soy alérgica a los globos.

FERMINA
No le eches la culpa a los globos; eso te pasó por acomplejada, porque lo más natural del mundo es que cuando uno tiene catarro se suene los mocos.

CONDESA
Pero no llevé pañuelo... **(LLORA)** Si me hubiera sonado la nariz Augusto me hubiera declarado su amor, yo no hubiera salido huyendo despavorida, lo hubiera aceptado, me hubiera casado y tendría los hijos que quise tener.

FERMINA
Mi opinión es que él no estaba tan enamorado de ti, porque si no... hubiera salido corriendo y te hubiera alcanzado para declararte su amor... a pesar del globo.

CONDESA
Quizá tengas razón, pero aquella situación fue muy embarazosa.

FERMINA
Chica, vamos a quitarnos la careta... ¡Augusto era un acomplejado, un niño bitongo!

CONDESA
El caso es que por culpa de ese incidente ahora no vivo en Washington y no soy la señora de un Ministro de este país que entra y sale de La Casa Blanca, como Pedro por su casa.

FERMINA
¡Hija es que te tocó bailar con el más feo!

CONDESA
No pongas el dedo en la llaga.

FERMINA
Por ese fracaso te casaste años después con tu difunto marido... el señor Conde.

CONDESA
¡Que en paz descanse!

FERMINA
¡Y que por el aire avance!

CONDESA
Por favor, Fermina... ya sabes que yo no creo en esas cosas.

FERMINA
Está bien. Pero yo sí creo. **(TR)** Si por algo me he decidido a correr esa aventura es porque estoy loca por salir de esta casa.

CONDESA
No empieces otra vez.

FERMINA
¡Ya no sé como darle luz a ese espíritu!

CONDESA
¡Me voy a bañar!

LA CONDESA INICIA MUTIS.

FERMINA
Es lo mejor que puedes hacer, porque voy a despojar la casa a ver si el "caballero" nos deja terminar de empacar en paz.

CONDESA
¡Eres incorregible! **(MUTIS)**

FERMINA
(SE BURLA) ¡Eres incorregible! **(GRITA POR DONDE SALIÓ LA CONDESA)** Pero a la hora de los mameyes no dices nada cuando el "muerto" me manda a hacer las cosas pa' esta casa.

CONDESA
No me interesa lo que estás hablando.

FERMINA
Lo mismo digo. **(TR)** Déjame coger las hierbas pa' resolver este asunto.

FERMINA HACE UN BREVE MUTIS Y ENTRA CON UN MAZO DE HIERBAS.

FERMINA
(DEL BOLSILLO DEL UNIFORME SACA UN PAPELITO) Perfume, cascarilla y humo de tabaco, etc. Las hierbas están todas.

Paraíso, albahaca, siempreviva, palo vencedor... y cambia rumbo.

CONDESA
(**OFF**) ¡Termina "eso" antes que yo salga del baño y llegue Arturito!

FERMINA
En eso estoy... pero, ¿dónde me pusiste la cascarilla y el tabaco que tenía en la vitrina?

CONDESA
(**OFF**) Por supuesto que los quité de allí y los guardé en un lugar menos visible... están en el estante de la cocina.

FERMINA
Tan fina: "Yo no creo en esas cosas, esos ritos pertenecen al folclore afro-cubano" pero cuando te aprieta el zapato, caminas pa' lo chapea'o como to' el mundo.

CONDESA
(**OFF**) Mira que hace años que vives en esta casa, ya era hora que supieras que nunca he creído en eso. Vivimos en un país libre y por eso no me opongo a tus creencias. Por eso no te dije nada cuando hiciste "Obatalá". (**10**)

FERMINA
Claro que ibas a decir:... ¿Quién corrió cuando tuviste el problemita aquel con el "*Internal Reveniú*"? (**11**)

CONDESA
(**OFF**) Bueno, nuestro abogado...

FERMINA
"Nuestro abogado"... Hay que ver que además de todo eres malagradecida... Si no llega a ser por toda la "burundanga" que yo hice... los americanos te hubieran enmaraña'o los cuatro kilos que sacaste de Cuba, ¡desgraciá!

CONDESA
(**OFF**) ¡Fermina... repórtate! (**TR**) ¡no te voy a negar que fue una gran coincidencia!

FERMINA
¡Sí, como no! Coincidencia fue la migraña aquella que por poco te vuelve loca y que resultó ser un muerto oscuro metío en un caldero. Y el dinero aquel que tenían que pagarte por la venta de la casa de *"Westchester"* **(12)** y que los que te la compraron resultaron estar en la marimba... ¡Y por poco no ves pasar ni una "cuora"! **(13)** Y que los muertos lo vieron y me lo dijeron... ¿También fue coincidencia?...

CONDESA
(OFF) Tú te fanatizas.

FERMINA
¡Chica mira que tu tienes fuerza de cara! Arriba, me dices fanática. ¿Coño, cómo no me lo dijiste cuando me llevaste en tu Mercedes a la línea del tren aquí en *Coral Way* **(14)** y la sesenta y pico a dejar la brujería que te mandó el muerto? ¿O es que se te olvidó?

CONDESA
No, no se me ha olvidado.

FERMINA
¡Menos mal!

CONDESA
¿Ya terminaste, porque voy a salir del baño?

FERMINA
¡Ahora te esperas porque voy a empezar el despojo!

CONDESA
(OFF) Está bien, me relajaré.

FERMINA
(SE BURLA DE LA CONDESA) ENCIENDE TABACO, LE ECHA PERFUME A LAS HIERBAS, CASCARILLA Y HUMO) Invoco a las siete potencias africanas; a los Jimaguas, **(15)** con Eleguá **(16)** abriendo el camino y Osún **(17)**, arrancando las malas hierbas e influencias perniciosas que hay en esta casa. Changó **(18)**, Ochún **(19)**, Yemayá **(20)**, Obatalá, mi madre, aclaren el camino, Ogún **(21)**, Inlé **(22)**, Aggayú **(23)**, Ochosi **(24)**, Babalú Ayé **(25)**, mi padre, ¡iluminen la guardarraya que tenemos que andar! Virgencita de Regla, Yemayá, aplaca ese mar que

tenemos que cruzar... y danos el desenvolvimiento que hace falta para que todo lo que tu hija María Eugenia Amelia de Jesús, Josefina Campofrio Villarreal...

CONDESA
Condesa de...

FERMINA
¡Chica!... ¡Los muertos no entienden de nobleza, cuantas veces te lo voy a decir!

CONDESA
(OFF) ¡Que horror!

FERMINA
¡Ayúdenla para que pueda lograr lo que quiere, y de paso ayúdenme a mí, que trabajo como una mula pa' ella desde hace más de cincuenta años!

CONDESA
(OFF) Sí, pero diles que vives como una reina... diles todo lo que te doy porque los muertos van a pensar que yo soy... **FERMINA LA MIRA ASOMBRADA POR LO QUE HA DICHO. LA CONDESA SE PERSIGNA.**

FERMINA
¿Si? Mira, vamos a dejar eso... porque en un final... ¡Estamos chao... chao! ¿Ok?

CONDESA
(OFF) Siempre lo exageras todo.

FERMINA
Me acuerdo de todo, querrás decir. **(TR) (SE PERSIGNA)** En el nombre del Padre, del Hijo y del Espíritu Santo... ¡Amén! ¡Ya terminé!

CONDESA
Menos mal. Ya voy a salir.

FERMINA
No, espérate, me falta el coco.

CONDESA

¿Por Dios hasta cuándo? Termina de una vez. Todos estos ritos me ponen muy nerviosa.

FERMINA

Nerviosa te vas a poner si no lo llevamos todo bien amarrao' desde aquí. **(TIRA EL COCO CONTRA EL PISO)**

CONDESA

(ANTE EL RUIDO DEL COCO) ¿Qué rompiste Fermina? ¡No me vayas a decir que fue el jarrón de *Sevre*! **ENTRANDO A ESCENA.**

FERMINA

No hija. Fue el despojo... ¡el coco que me faltaba romper pa' saber como quedó todo!

CONDESA

Definitivamente, me vas a enfermar de los nervios.

FERMINA

(REVISANDO LOS PEDAZOS DE COCO) ¡Menos mal!

CONDESA

¿Qué pasa?

FERMINA

Nada.

CONDESA

¿Cómo que nada?

FERMINA

No. No pasa nada.

CONDESA

¿Qué dice el coco?

FERMINA

¡Y luego dice que no sabe de brujería! ¿Ven acá chica cómo tú sabes que el coco tiene que hablar? ¿Eh?

CONDESA

¡Pura intuición!

FERMINA

¿Intuición... no?... **(TR)** Pues mira... Todo salió pa' arriba.

CONDESA

¡Ay Santísima Virgen de la Inmaculada! **(TR)** ¡Todos los cocos volteados hacia arriba! ¡Con la bendición de Dios!

FERMINA

¡No, si es lo que yo digo, tú hiciste la Licenciatura en Brujería en Regla y el Master en Guanabacoa!

ENTRA ARTURO.

ARTURO

¿Ah sí?

CONDESA

¡Arturito, hijo! Al fin llegas... ¡No le hagas caso!

ARTURO

¿Qué dice la abuela más joven y más linda de Miami?

CONDESA

¡Zalamero! **(RÍE COMPLACIDA)**

FERMINA

La cuchilla hace milagros.

ARTURO

¡Fermina!

FERMINA

¿Cómo está mi niño lindo?

ARTURO

Con mucho ajetreo.

FERMINA

Eso es señal de que todo marcha bien. Claro... si acabo de hacer un des...

CONDESA

(INTERRUMPIÉNDOLA) Deshollinado en toda la casa... **(TR)** ¡Sírvenos el té!

ARTURO

Prefiero un café cubano, como el que sabe hacer Fermina, con mucha espumita.

CONDESA

Ya oíste...

FERMINA

¡Oí a mi niño!

FERMINA, ALTIVA INICIA MUTIS.

CONDESA

¡Está incorregible!

FERMINA

(SALIENDO) ¡Y ella cagalitrosa!

CONDESA
(LO ESCUCHA, ACCIÓN DE REPROCHE)

ARTURO
(CONTROLA LAS GANAS DE REÍR) ¡Fermina!

FERMINA

¡A santo de qué tiene que decir que me corrijo donde quiera... Eso es pa' que tú pienses que me estoy cagando en tos' lado y no me quieras llevar en el barco!

ARTURO

¡No, Fermina!, lo que la abuela quiso decir es que...

CONDESA

Ya la has oído... es así todo el santo día, para mí que está decrépita.

FERMINA
(LE VIRA LA CARA OLÍMPICAMENTE) (SIN EMITIR SONIDO ARTICULA: ¡MÁS DECRÉPITA SERÁ ELLA!)

MUTIS DE FERMINA.

CONDESA
No ves, no entiende nada. Con ella es imposible entrar en razones.

ARTURO
Tienes que tener paciencia abuela. Ella nos adora. Siempre ha sido así **(TR)** Ya veo que la convenciste, está embullada, lo que tiene es que está nerviosa con el viaje.

CONDESA
"Non queiro... Non queiro, échamela en el sombreiro".

ARTURO
Menos mal. Me preocupaba dejarla aquí en Miami sola... ¿Qué va a hacer sin nosotros? ¡Toda una vida en la familia y de pronto verse desamparada!

CONDESA
Al principio me dijo que se colocaría en una pizzería cubana, o en un restaurante... que se yo... y después que se iba para casa de su hermana en Hialeah. **(TR)** Pero lo cierto es que no se lleva con la hermana **(TR)** Fermina tiene muchos resabios, que sólo yo los aguanto.

FERMINA
(OFF) (CANTURREA) Estamos en las mismas condiciones...

ARTURO
(BAJANDO EL TONO Y AGUANTANDO LA RISA) ¡Me la imagino de camarera, obligando a la gente a comer lo que ella quiere!

CONDESA
Está muy animada y muy nerviosa por volver a ver a su mamá... La pobre Beneranda ya tiene 103 años. ¡No sé como ha podido resistir tantos años en ese país y sin proteínas!

ARTURO
¡Si no la ve ahora... no la verá nunca!

CONDESA
La vieja se mantiene viva esperando verla.

ARTURO
No entiendo entonces por qué al principio no quería ir.

CONDESA
No es que no quisiera, es que le tiene miedo al mar y al avión; ya sabes lo maniática que es.

FERMINA
(OFF) (CANTURREA) Tú me acostumbraste, a todas esas cosas...

CONDESA
(MOLESTA) Bueno Arturito... ¿Cómo está todo? ¿Qué se sabe?

ARTURO
¡Todo indica que a los Castro le quedan días, horas, quizá minutos en el poder abuela!

CONDESA
Dios mío, cuando pienso en eso... se me afloja el vientre.

FERMINA
(OFF) ¡Y luego dice que soy yo la que me corrijo!

CONDESA
(LE VA A CONTESTAR)

ARTURO
(LA DETIENE) ¿Ya lo tienes todo empacado?

CONDESA
Si, prácticamente... ¿Y tú? ¿Has probado el yate?

ARTURO
No mucho... Está en la marina hace 20 días cuando empezó toda esta "rebambaramba". Sólo he salido dos *"weekenes"* a los cayos y de pesquería. Pero no estoy seguro de cómo navegar con él todavía... ¡Compraste casi un trasatlántico y no un yate abuela!

CONDESA
¡Ay Arturito no seas exagerado!

ARTURO
¡Exagerado y me has hecho comprar un yate de...!

CONDESA

Bueno... bueno... **(TR)** Pero... ¿crees qué es suficiente para todo lo que quiero llevar?

ARTURO

Yo creo que sí... y lo que no quepa lo mandaremos en un *container*.

CONDESA

¡No! ¡Quiero llevarlo todo! No me fío de nadie. Aún, después que esos desgraciados no estén, va a quedar mucha secuela de su gente.

ARTURO

Abuela, cuando aquello se caiga, todo se arreglará en Cuba.

FERMINA

(OFF) ¿Por qué no ponen la WQBA **(26)** a ver si dicen algo y se dejan de hablar tanta cáscara de piña?

CONDESA

¡No la puedo resistir! Tan pronto llegue a La Habana, la despido. En Cuba cesa mi compromiso con ella.

FERMINA

(CANTA) Atrévete... quiero decirte algo... que quizás no esperes... doloroso tal vez.

CONDESA

(RESOPLA FURIOSA)

ARTURO

No le hagas caso abuela, déjala que cante... Está nerviosa. **(TR)** Voy a traer el radio portátil, ella tiene razón, deben estar dando el parte de última hora... Lo estaban anunciando.

(ARTURO HACE MUTIS HACIA LAS HABITACIONES)

CONDESA

Estoy nerviosísima... me ataco de los nervios de solo pensar en el regreso.

FERMINA

¡Aquí está el café!

CONDESA

¿Tan rápido... y la espumita?

FERMINA

Ni preguntes. Dispáratelo como está, que yo tampoco tengo cabeza pa' estar haciendo espumita a esta hora.

CONDESA

¡Dios mío!

FERMINA

¡Así que la radio está dando noticias y nosotras detrás del palo!

CONDESA

Llévale el café al señorito.

FERMINA

(LA MIRA) ¡Señorito!

CONDESA

¡Fermina, repórtate!

FERMINA SALE HACIA EL CUARTO CON LA TAZA.

SONIDO: SE ESCUCHA LA RADIO DANDO NOTICIAS.

CONDESA

Arturito, ¿qué dicen?

ARTURO

¡Qué la caída de aquello no pasa de hoy!

FERMINA

(SALE CORRIENDO)

CONDESA

¿Qué pasa... qué pasa?

FERMINA

Me voy pa'la cocina. Yo no me pierdo eso...

CONDESA

¿Qué vas a hacer?

FERMINA
Poner Radio Mambí **(27)**... porque Pérez Roura, **(28)** ya debe saberlo todo y seguro que va a dar "el palo" y ¡Oscar Haza, **(29)** debe estar transmitiendo en vivo y en directo desde el Morro! **(30)**

ARTURO
(SE RÍE MIENTRAS ENTRA A ESCENA CON EL RADIO DANDO NOTICIAS)

CONDESA
¡Ay hijo, enciende el televisor!

ARTURO VA AL TELEVISOR Y LA COMPLACE.

ARTURO
El Canal 23 **(31)** debe estar transmitiendo las noticias de última hora.

FERMINA
(OFF) En el televisor de la cocina puse Telemundo... **(32)**

CONDESA
¡Ay, que nerviosa estoy!

SONIDO: SE MEZCLAN LAS VOCES DE LOS NOTICIEROS DE RADIO MAMBÍ, TELEMUNDO Y UNIVISION 23.

FERMINA
¡A lo mejor esta noche suspenden el programa de Martha Casañas! **(33)** ¡Y Lourdes de Kendall **(34)** transmite desde La Habana!

CONDESA
Ves, se conoce a todos los artistas. Se sabe todos los chismes de la farándula. Yo estoy al día gracias a ella. Vive pegada al radio cuando no es una emisora es otra, se pasa la vida hablando en los micrófonos abiertos...

ARTURO
Tiene que entretenerse en algo abuela...

CONDESA
La culpa de todo la tienes tú, que la consientes demasiado.

ARTURO
¿Estás celosa abuela?

CONDESA
¿Celosa yo de Fermina? ¿Estás loco Arturito? (**TR**) En mala hora decidimos que fuera tu manejadora.

ARTURO
Bendita la hora en que la trajeron a trabajar con nosotros.

CONDESA
¿Qué pasa?

ARTURO
¡El televisor no enciende!

CONDESA
¡Esta maldita televisión, venirse a romper hoy, precisamente hoy!

ARTURO
Déjame revisar.

CONDESA
(**MIENTRAS EL REVISA**) Arturito no me has dicho si el yate ya está listo...

ARTURO
Claro que lo está abuela, te lo expliqué hace un rato. Ya está completamente cargado, faltan muy pocas cosas por embarcar.

CONDESA
Menos mal.

ARTURO
Yo de todas maneras pienso que sería preferible en este primer viaje a Cuba, ver como están las cosas allá y después venir y recoger lo que falte y llevarlo de una vez.

CONDESA
No... de ninguna manera... una vez que esté allá, no regresaré. (**TR**) ¿Qué tenía?

ARTURO
Nada, estaba desconectado. **(LO CONECTA)**

CONDESA
Esa es Fermina... lo desconecta para mortificarme.

ARTURO
Yo pienso abuela, que tú no tendrías que venir... yo haría un viaje quizás con Fermina y cargaría con las vajillas, los adornos, los cubiertos...

CONDESA
¡No Arturito... no! Me moriría de espanto viendo aquella casa sin adornos sin mis cosas, mis recuerdos, mis antigüedades.

ARTURO
Abuela, pero el barco no puede ir demasiado cargado.

CONDESA
Te dije que compraras el más grande.

ARTURO
¡Únicamente el Queen Elizabeth!

CONDESA
Alquilaremos otro. Todo en la vida tiene remedio.

ARTURO
Tendremos que alquilarlo, porque con las latas de pintura, los lavamanos, inodoros, la *"jacuzzi"*, los muebles de cocina, las pilas más el equipaje y todo eso, tengo casi llena la bodega del barco. ¡Sería preferible esperar a que todo se estabilice!

CONDESA
Yo lo prefiero de esta forma Arturito.

FERMINA
(ENTRANDO) Ella quiere dar el "palo social". No la vas a convencer... es terca como una mula Campofino.

CONDESA
Limítate a decir lo que dice la radio.

ARTURO
¿Hay algo nuevo?

FERMINA
Más o menos lo mismo... Tomás Regalado (**35**) está cerca de la costa. Acaba de echarse por arriba un cubo de aguas cubanas.

CONDESA
¿Y qué dice?

FERMINA
No sé porque se cortó la comunicación, parece que le entró agua al micrófono.

CONDESA
¿Y en Radio Mambí?

FERMINA
A Pérez Roura y a Ninoska (**36**) no se les puede oír bien.

ARTURO
¿Por qué?

FERMINA
Bueno, Ninoska está ronca de gritar, figúrate y todavía no ha llegado... (**TR**) Es que va en un helicóptero dando las noticias y está a una milla de La Habana, y Pérez Roura y la gente de Radio Mambí van en un yate de Univisión y acaba de decir que ya se ve ¡El Morro!

CONDESA
¡Ay Jesús de Nazareno! ¡Qué barbaridad!... ¿Pero aquello no se ha caído todavía?

FERMINA
¡No se sabe!... ¡ojalá no se acerquen demasiado y les vayan a sonar un cañonazo!

CONDESA
¡Fermina no digas eso ni en juego! ¡Dios los proteja! (**TR**) Arturito enciende ese televisor mijito.

ARTURO
¡No sé que pasa abuela no puedo coger el 23, parece que no hay cable!

FERMINA
Vuelvo pa' la cocina. Los mantendré al tanto.

MUTIS DE FERMINA HACIA LA COCINA.

CONDESA
¡Ay Dios mío que nerviosa estoy. Arturito prueba con el 51!

ARTURO
Tienes que tranquilizarte abuela.

CONDESA
Mira... ahí están la Montoya **(37)** y Ambrosio... **(38)**

ARTURO
Si, van en otro barco... mira... abuela.

CONDESA
No... no puedo mirar... estoy atacada... estoy mal, **(TR)** De solo pensar que voy a volver a entrar en mi casa del Vedado, se me pone la carne de gallina.

ARTURO
Ya lo sé, pero piensa que la travesía en barco será molesta a pesar que te he dejado el mejor camarote, pero te esperan muchas emociones... la entrada por la bahía...

CONDESA
Volver a ver El Morro... la Cabaña... **(39)** después de casi 50 años... me va a parecer mentira... el parque Maceo... **(40)** el Palacio Presidencial... **(41)**

ARTURO
Todavía te acuerdas.

CONDESA
¿Cómo voy a olvidarlo, hijo?

ARTURO
Yo no me acuerdo de nada.

CONDESA

Viniste muy chiquito... Pero ya lo disfrutarás. **(TR)** Después camino hacia el Vedado... por el Malecón... **(42)** quiero pasar por el Prado... **(43)** por casa de mi corsetera...

ARTURO

Abuela, no te hagas muchas ilusiones... La Habana está destruida... además esa señora...

CONDESA

Arturito, ¿qué pasa...? ¡se fue el 51! **(44)**

ARTURO

Este televisor se ha vuelto loco.

CONDESA

Hoy todos estamos locos. Pero no me importa... volver a Cuba es como curar a una madre gravemente enferma... alimentarla... bañarla y fortalecerla hasta que esté completamente curada. Eso tenemos que hacer con ella Arturito. **(LLOROSA)**

ARTURO

No te pongas así desde ahora. ¿Imagínate qué va a pasar cuando te enfrentes a la realidad que se avecina?

CONDESA

Tienes razón. **(TR)** Tenemos que pintar la casa, mandar a hacer las cortinas a Fin de Siglo **(45)** hay a tapizar los muebles en "La Protectora" **(46)** que fue donde los compre, porque sabe Dios como estarán. Habrá que revisar las tejas y si es necesario ponerlas todas nuevas. **(TR)** Supongo que en Cuba habrá tejas. Porque las tejas se hacen de barro y el barro es tierra... Las Echenique tenían una fábrica en Ceiba Mocha. **(47)**

ARTURO

¿Quién sabe?

CONDESA

Si no, las mandaremos a buscar aquí.

FERMINA

(ENTRANDO) ¡Señora!

CONDESA

¿Ya?

ARTURO

¿Al fin?

FERMINA

¿Qué cosa?

CONDESA

¿Ya se puede entrar en Cuba...?

FERMINA

No. Todavía. Es que me acordé que hay que llevar *Alka-Zeltzer* y pastillas para el mareo para el viaje... yo me acuerdo cuando llegaban la gente del Mariel, **(48)** las vomiteras y todo eso... y esto va a ser un Mariel al revés.

CONDESA

¡Ya tengo previsto eso mujer!

ARTURO

Fermina sube el radio para cuando den la noticia.

FERMINA

¡Si Arturito! **(INICIA MUTIS)**

CONDESA

Ya tengo listo el vestido con el que voy a desembarcar. Una marinera de Oscar de la Renta preciosa con su pamela de rafia italiana.

ARTURO

¡Abuela!

CONDESA

Con tanto trajín olvidé empacar mis perfumes, porque supongo que allá no habrá la línea completa de Dior, ni de Lanván, ni de Paloma Picasso.

FERMINA

(OFF) (GRITA) ¡Ya... ya! ¡Pérez Roura está dando la noticia!

CONDESA

¡Sube el radio Fermina... Arturito pon el televisor! ¡Ay Santa Bárbara bendita! Gracias Chango... Obatalá mi madre... Gracias... Gracias... San Lázaro... ¡voy a ir caminando hasta el Rincón **(49)** mi padre... Ochún! ¡Yemayá... te tengo un jarrón lleno de kilos prietos para tirártelos en la bahía!

SONIDO: FADE IN DEL HIMNO INVASOR. (MUY QUEDO)

ARTURO CORRE HACIA EL TELEVISOR.

SONIDO: V.O.
PÉREZ ROURA: *A todo el pueblo de Miami, y para el mundo entero... efectivamente, este es un momento histórico. Todas las emisoras radiales de Cuba acaban de dar la noticia: después de la muerte del tirano Fidel Castro, su hermano Raúl, el dictador sucesor y parte de sus secuaces acaban de emprender vuelo desconocido en un avión militar.*

FERMINA
(OFF) (GRITA) Marta Flores también lo está diciendo:

SONIDO: V.O.
MARTHA FLORES: *Pueblo de Miami, cubanos de la isla y de todo el mundo: el sátrapa Raúl Castro ha huido. ¡Cuba es libre nuevamente! ¡Viva Cuba Libre! ¡Adelante cubanos!*

VIDEO: (CORTES A:)
TOMÁS REGALADO: *¡Cuba para los cubanos!*
MARÍA ELVIRA: *¡Esta es una emoción indescriptible!*
OSCAR HAZA: *¡Felicidades a los hermanos cubanos!*
MARÍA MONTOYA: *¡Hay banderas cubanas en todos los balcones!*
NINOSKA: *¡El pueblo entero está en las calles!*

SONIDO: HIMNO INVASOR.

LA CONDESA REZA. ARTURO CORRE HACIA LA ABUELA, LA ABRAZA, LA CARGA Y GIRA CON ELLA. FERMINA SALE POR LA COCINA. ESTÁ EN CALMA. APAGA EL TELEVISOR.

FERMINA
(SE VIRA AL PÚBLICO Y GRITA) ¡A correr, liberales del Perico! **(50)**

FIN DEL PRIMER ACTO

SEGUNDO ACTO

APARECE LA MISMA ESTRUCTURA ARQUITECTÓNICA DE LA CASA DE LA CONDESA DEL PRIMER ACTO, PERO ESTA VEZ DESTARTALADA, PAREDES DESCONCHADAS QUE DEJAN VER LADRILLOS Y PAREDES CUBIERTAS CON "COLACHES" DE RECORTES DE REVISTAS, TENDEDERAS, BARBACOA, LATONES DE AGUA.

LA GRAN SALA HA SIDO DIVIDIDA Y SOLAMENTE QUEDA UNA PEQUEÑA ÁREA DE ESTAR CON SALA "RECIBIDOR". EL RESTO HA SIDO CONVERTIDO EN HABITACIONES, INCLUYENDO LAS BARBACOAS. DE TODAS LAS QUE SE VEN, EL ÚNICO LUGAR CON CIERTA COHERENCIA, LIMPIEZA, Y ORDEN, CON UNA DECORACIÓN QUE DENOTA UN MUNDO INTERIOR, ES LA BARBACOA (51) DE VILCEMA.

ILUMINACIÓN: EL ESCENARIO APARECE EN PENUMBRA HASTA QUE AMANECE. SE VEN MUCHAS BANDERITAS CUBANAS Y VIEJAS, RECORTES DEL NUEVO HERALD EN EL MURAL. BOTELLAS Y VASOS POR EL SUELO. SE NOTA QUE HUBO UNA FIESTA Y QUEDAN LOS RESIDUOS Y EL DESORDEN DE LA JUERGA.

SONIDO: GALLO QUE CANTA.

POR LA PUERTA ENTRA FERMINA.

FERMINA
(VISTE ROPA DE CALLE SENCILLA) (TRAJE DE CHAQUETA Y BLUSA, NADA LLAMATIVO) (REACCIONA ANTE LO QUE VE) ¡Jesús, María y José! (SALE PRECIPITADAMENTE)

CONDESA
(OFF) (SOBRE LAS ACCIONES DE FERMINA) Vamos Arturito, date prisa, vamos a entrar.

FERMINA
(OFF) No, María Eugenia... ¡no entres... no entres!

CONDESA
(OFF) ¡Qué dices, insensata! ¡Cómo no voy a entrar en mi casa!

FERMINA
(OFF) ¡Hazme caso Arturito... vamos pa'l carro, pasemos esta noche en el Havana Hilton **(52)** y mañana nos vamos pa' Miami!

ARTURO
(OFF) ¿Por qué Fermina? Esta es la realidad, no podemos evadirla.

ENTRA ARTURO POR LA PUERTA. VISTE COMBINACIÓN DEPORTIVA ELEGANTÍSIMA, SEGUIDO POR LA CONDESA QUE VISTE SU MARINERA CON PAMELA Y NECESSER. DETRÁS LOS SIGUE FERMINA.

ARTURO
(ANONADADO) ¿Pero... esto es la casa?

CONDESA
¡Dios mío! **(AL BORDE DEL DESMAYO) (FERMINA LE ACERCA UN CAJÓN) (MIRA EL CAJÓN Y SE ARREPIENTE)**

FERMINA
Se los dije, no quería que pasaran por este momento.

CONDESA
Arturito, tú te fijaste bien en el número... ¡no estaremos equivocados!

ARTURO
No abuela, es aquí.

POR EL HUECO CUBIERTO POR UNA MUGRIENTA CORTINA SALE PAPAÍTO (BOSTEZANDO Y ESTIRÁNDOSE) (TIENE UN PANTALÓN MAL CORTADO POR LA RODILLA Y CAMISETA LLENA DE AGUJEROS) (MIRA A LOS VISITANTES) ¡Vilcema, Cacha, tenemos visita! ¿Ya tomaron café?

LA CONDESA Y ARTURO SE MIRAN. FERMINA LOS MIRA A LOS DOS Y TODOS NIEGAN.

PAPAÍTO
¡Café mezclao con chícharo! Porque hasta que de la Yuma **(53)** no empiecen a mandar pa'ca no tenemo del bueno... porque nosotros no tenemos chavito pa' comprar en la "shopin". **(54) (VA A SU CUARTO A PREPARAR EL CAFÉ)**

CONDESA
(ENTRE ELLOS) ¿Tú entiendes algo Arturito?

ARTURO
Sí abuela, nos brindó café mezclado con chícharos, porque el café puro tiene que comprarlo con dólares y no tiene.

CONDESA
Fermina, ¿te acuerdas donde pusimos el café?

FERMINA
¡Yo puse una lata de Bustelo **(55)** en el maletero! **(RISA)** ¡Ay me salió en rima!

ARTURO SALE EN BUSCA DEL CAFÉ.

PAPAÍTO
(GRITA) ¡Ya está el café!

POR OTRA PUERTA, CUBIERTA POR UNA TELA, SALE CACHA EN BATICA DE CASA DE TELA DESTEÑIDA Y EL PELO ALBOROTADO, SIN MAQUILLAR. VILCEMA PLIEGA UN PARABÁN DE SU BARBACOA. VISTE JEAN Y PULLOVER CON ALGUNA CONSIGNA REVOLUCIONARIA. TIENE ROLOS EN EL PELO.

VILCEMA
(SIN PERCATARSE DE LOS VISITANTES) ¡Bárbaro Papaíto!

CACHA
(ÍDEM) ¡La partiste, mi socio!

(LA CONDESA TOSE) TODOS SE MIRAN Y SE HACE UN DENSO SILENCIO. ARTURO ENTRA POR LA PUERTA DE LA CALLE CON LA LATA DE CAFÉ BUSTELO EN LA MANO.

PAPAÍTO
¡Asere, Bustelo de la Yuma! ¡Bota ese Cacha, que voy a colar café de verdad! **(A ARTURO)** ¿Puedo? **(ARTURO ASIENTE)**

PAPAÍTO LE ARREBATA LA LATA Y SE VA COLAR.

CACHA
¡Con espumita, que esto es un lujo!

PAPAÍTO
Oye, tú tendrás un tín de luz brillante que me prestes porque me voy a "quedar a pie" en la colada.

CACHA
Si, no hay tema, pero en cuanto los "yonis" **(56)** empiecen a "bajar el condumio" **(57)** y las provisiones, acuérdate que te bajé un litro de combustible. **(TR)** Es que Papaíto es "carcañal de indígena". **(58)** **(MUTIS A SU CUARTO)**

PAPAÍTO
Deja eso Cacha, qué va a pensar la visita de nosotros. **(HACIENDO EL CAFÉ)**

VILCEMA
Pero... ¿Por qué no se sientan? Ahí abajo está la recepción.

LA CONDESA, FERMINA Y ARTURO SE MIRAN.

VILCEMA
(SE DA CUENTA DEL DESORDEN) ¡Ah... **(RISITA)** Perdonen el reguero, es que anoche celebramos el triunfo de la democracia hasta tarde y toda la casa se ha quedado "patas pa' arriba"! **(59)**

(BAJA, RECOGE Y QUITA BOTELLAS Y EL REGUERO DE ENCIMA DE LOS SUCIOS MUEBLES)

VILCEMA
Ya pueden sentarse. **(TR)** Conseguimos todo esto para la fiesta. **(SEÑALA LAS BANDERAS Y LOS CARTELES)** ¡Todo quedó de lo más bonito!

PAPAÍTO
(DESDE SU COCINA) Los compañeros son turistas...

LA CONDESA, FERMINA Y ARTURO SE MIRAN.

CACHA
Todavía no se ven muchos, pero cuando empiecen a llegar de "a verdura",

(60) entonces sí que van a correr los "fulas" en este país. **(RISA)**

VILCEMA
(ARTICULANDO EXAGERADAMENTE) ¿"Yu" entender espanich?

LA CONDESA, FERMINA Y ARTURO SE MIRAN.

VILCEMA
"We like americanos very much...We love jeans ...music... every zin..every zin". **(RÍE A MANDÍBULA BATIENTE)**

LA CONDESA, FERMINA Y ARTURO LA MIRAN.

VILCEMA
(SE LE CONGELA LA SONRISA)

CACHA
(ARTICULA DESPACIO PARA QUE LA ENTIENDAN) Me-nos mal... que ella ha-bla un po-qui-to de in-glish!

PAPAÍTO
Esos "yonis" no entienden tú inglés Vilce.

CONDESA
(APARTE) Yo soy la que no los entiendo y tú Arturito.

ARTURO
(ÍDEM) Muy poco. ¿Y tú Fermina?

FERMINA
(ÍDEM) ¡Yo cojo algo!

CONDESA
(ÍDEM) ¿Qué dicen?

FERMINA
(ÍDEM) Nos han visto cara de americanos.

CONDESA
¿A nosotros?

CACHA
Seguramente están perdidos, iban pa'l Riviera **(61)** o pa'l Meliá y no lo encuentran.

VILCEMA
(GESTICULA) "Si yu wuan me acompañar to hotel... Riviera or Habana Libre... digo Hilton o Meliá" **(RISITA)** ¡Oka!

ARTURO
No es necesario. Muchas gracias.

VILCEMA
¡Ay si habla español!

CACHA
¡El muñecón habla español Papaíto!

PAPAÍTO
¿Y las dos viejas?

CONDESA
¡Nosotros somos cubanos... también!

PAPAÍTO
¿Cubanos? **(TR) (APARTE)** ¡Dios mío es María Eugenia!...

VILCEMA
Mi nombre es Vilcema Páez.

ARTURO
Arturo Gaínza y Campofino

PAPAÍTO
(APARTE) Campofino... claro, claro es ella, que viene de Miami.

CACHA
Tiene nombre de telenovela brasileña...

CONDESA
(ACLARANDO) ¡Ingeniero Arturo Gaínza y Campofino!

VILCEMA
¿Así que es ingeniero?

ARTURO

¡Anjá!

CACHA

Y ella es la doctora Vilcema Páez, Pediatra del Calixto García. **(62)**

PAPAÍTO

(APARTE) Estoy tan destruido que no me reconoció... **(TR)** Y ella que bien se conserva.

ARTURO

¿Eres médico?

VILCEMA

¡Anja!

CONDESA

(INCRÉDULA) ¿Médico?

CACHA

¡Sí, esta niña... y buenísima... lo mismo te receta... una penicilina, que te resuelve un certificado de hepatitis pa' que te den la dieta de pollo y vianda, pa' que tú sepas!

VILCEMA

¡Cacha!

PAPAÍTO

Vilcemita, acuérdate que ya se acabó el socialismo, ya no hay problemas. **(TRATANDO QUE LA CONDESA NO LO VEA) (TR)** Honor a quien honor merece. ¡Ustedes no saben como esta "Doctora" le resolvió a la gente!

VILCEMA

¿Y ustedes vienen a aquí a... a ver esta casona?

CONDESA

¡Esta es mi casa!

PAPAÍTO, CACHA Y VILCEMA SE MIRAN.

ILUMINACIÓN: BAJAN LAS LUCES. TINTE AZUL. POR ENTRE

LA DECORACIÓN APARECEN LOS VESTIGIOS SEÑORIALES Y SUNTUOSOS DE LA VIEJA MANSIÓN.

SONIDO: TEMA MUY CUBANO EVOCADOR INSTRUMENTAL.

CONDESA
¡Mi casa, lo que queda de mi casa! ...otra vez en ella, sintiendo sus rincones, vistiéndome con sus mármoles, colgándome de sus columnas, enredándome entre sus lámparas de bronce y cristal, llenándome de su luz, devorando el aroma de las Picualas y el Galán de Noche **(63)**, retozando con el silencio de la siesta. Hundiéndome en la negrura del jardín cuando los grillos bailan su danza nocturna, mientras en la hamaca de la terraza saboreo una champola **(64)**... Otra vez en mi casa para batir las sábanas y manteles de hilo bordado como gigantes mariposas al sol, otra vez en mi casa para perderme entre la plata y la porcelana, el murano y el bacarat. Cerrar los ojos y escuchar el tintineo de las copas y el ir y venir de los antiquísimos cubiertos, herencia de abuela Carlota, y en días de fiesta cerrar los ojos frente al cofre de terciopelo para escoger al azar el collar que adornaría mi cuello mientras me hundía en la bañera de mármol llena de agua tibia y perfumada, al tiempo que las burbujas jugueteaban en un ir venir entre los pétalos de rosas. **(SUSPIRA)** ¡Otra vez en mi casa!

PAPAÍTO
(GRITA ROMPIENDO) ¡Ya está el café!

SONIDO: CESA.

ILUMINACIÓN: SUBE.

PAPAÍTO
¡Vilce alcánzame un jarro con agua pa' fregar los pomos de yogur pa' brindarle a los invitados!

CONDESA
(RÁPIDA) ¡Yo no tomo café!

PAPAÍTO
(APARTE) ¿Desde cuándo?

FERMINA
Yo sí. Se me está rajando la cabeza.

VILCEMA

Le traigo una aspirina... todavía quedan... (**A ARTURO**) ¿Usted sí quiere café ingeniero?

ARTURO

Sí, claro.

LA CONDESA LO MIRA CON REPROCHE. VILCEMA COGE EL JARRO Y VA A AYUDAR A PAPAÍTO.

CACHA

¡Así que uste' es la dueña de esta casona!

CONDESA

¡Así es!

PAPAÍTO

¡Ah ! Mira pa' ahí. Y yo que pensaba que ya estaba muerta.

VILCEMA

(**MUY NORMAL**) Entonces usted es la Condesa de...

FERMINA

¡Luyanó!

VILCEMA

Mucho gusto Condesa. (**LE EXTIENDE LA MANO**)

LA CONDESA NO DEVUELVE EL SALUDO.

VILCEMA

(**SIRVE EL CAFÉ**) Así que la señora era la dueña de la casa.

CONDESA

¡Soy la dueña! ¡Y el motivo de mi visita es muy sencillo; vengo a vivir en "mi casa"!

CACHA

Papaíto... tú que eres el encargado del "inmueble": ¿hay algún cuarto vacío por ahí?

PAPAÍTO
¡Que yo sepa no! **(TR) (CON INTENCIÓN)** Pero queda espacio cantidad para hacer más barbacoas... mire lo buena que le quedó la de Vilcema.

CACHA
Dile en cuánto te salió Vilcema... si tú quieres, yo hablo con Picadillo, mi sobrino, que sabe hacer de to' y fue el que se la hizo a Vilce... ¿Verdá?

CONDESA
Fermina, necesito sentarme.

FERMINA LE ACERCA UN CAJÓN.

CACHA
¡Muchacha y si resuelves los materiales de la "Yuma" te va a quedar una barbacoa "tocaísima"! **(65)**

CONDESA
¡Fermina, las sales!

PAPAÍTO
Claro, que lo único que te va a costar más trabajo hacer, es el baño dentro... porque para eso tienes que conseguirte un permiso del Poder Popular y de la Reforma Urbana. **(66)**

CACHA
Ya eso no existe Papaíto. ¡"Acaba de aterrizar"! **(67)**

VILCEMA
Es que todavía estamos aferrados a las viejas estructuras estatales.

ARTURO
¿Te sientes bien abuela?

PAPAÍTO
¡Ah! pero la condesa ¿es tu abuela?

CONDESA
¿Qué dijo?

FERMINA
Que si tú eres la abuela de Arturito.

PAPAÍTO
(**APARTE**) La verdad es que se conserva en formol... **(68)** ¡Caballero, lo que es la buena comida! **(69)**

CACHA
Y la cuchilla **(70)** Papaíto... ¡tú te crees que la pura **(71)** ya no se ha estirado media docena de veces!

PAPAÍTO
El que puede, puede, Cacha.

VILCEMA
Papaíto, recoge los pomitos de yogur. (**A FERMINA**) Ya le traigo el agua para la aspirina.

FERMINA
No, me la tomo con el café. Gracias.

CACHA
¿Y la otra vieja quién es? Debe ser la madre.

CONDESA
¡Fermina mis pastillas!

FERMINA
(**RISA**) ¡Yo la madre! (**TR**) ¡La mulata, madre de la Condesa!

ARTURO
Fermina es la Dama de Compañía de mi abuela.

CACHA
Oíste Papaíto: ¡Dama de Compañía! (**TR**) ¡Que fineza!

PAPAÍTO
(**NOSTÁLGICO**) ¡Tremendo caché! **(72)**

FERMINA LE TRAE EL PASTILLERO A LA CONDESA

VILCEMA
¿Le traigo agua a la señora?

CONDESA
¡Una Perrier... **(73)** por favor!

PAPAÍTO
Aquí no tenemos Perrier, Condesa.

FERMINA
Toma el agua que te den y ¡déjate de melindres!

ARTURO
(A VILCEMA) ¿Le puedes dar un poco de agua a mi abuela?

VILCEMA
Sí, como no... **(VA A LA COCINA DE PAPAÍTO, PERO SE ARREPIENTE Y SUBE A SU BARBACOA)**

CACHA
Venga acá mi vieja, **(A LA CONDESA)** ¿ustedes vinieron de la Yuma?

VILCEMA
(DESDE ARRIBA) Ella quiere decir de los Estados Unidos.

ARTURO
Nosotros vivimos en Miami.

CONDESA
¡En Coral Gables! **(74)**

PAPAÍTO
¡Vinieron enseguida!

CACHA
¿Chica y se puede saber pa'que quieres venir pa'ca otra vez? **(TR)** ¡O es verdad lo que decía el caballo que allá se pasa mucho trabajo y que la gente no puede estudiar porque los colegios te cuestan un ojo de la cara y que es preferible morirse a caer en un hospital!

ARTURO
¡No, no es así! Todo es muy diferente a como se lo han pintado a ustedes. Ahora, ¡allá si es verdad que el que no trabaja no come! Pero el que trabaja y lucha, obtiene lo que quiere. Y si quiere estudiar y superarse, hay muchísimos planes de estudio para todos los niveles, hasta para estudiar una carrera y pagarla después de graduado con lo que usted gane. **(TR)** Y otra cosa, nadie se queda sin que lo atiendan en un hospital. Si usted tiene dinero paga por la operación y si quiere por un cuarto privado; pero si no

tiene dinero, en el Hospital Jackson Memorial lo atienden y no se va a morir por falta de un médico. Todo es según con el cristal con que se mire.

CACHA
Ya sabía yo que ese era un "tupe" **(75)** de los "ñángaras" **(76)** que nos tuvieron tantos años engañaos', con las secundarias en el campo y vendiéndonos lo de la potencia médica y resultó que los hospitales son una "birria" **(77)** y no hay ni médicos ni medicinas.

VILCEMA
(MIENTRAS BAJA CON UN VASO DE AGUA Y UN PLATICO)
Pero cobrándolo todo en fulas y a precio de oro, y el que no tenga... allá va eso... **(TR)** Si lo sabré yo...

ARTURO
¡Me lo imagino!

VILCEMA
Si esas paredes del Calixto hablaran... **(TR)** Aquí todavía no se sabe nada de lo que ha pasado en estos 50 años... Cuando se destape la Tapa de Pandora... ¡nos vamos a quedar fríos! **(LE DA EL VASO DE AGUA A LA CONDESA)** ¡El agua es hervida, la puede beber con confianza!

CONDESA
Gracias.

VILCEMA
Por nada.

CACHA
Bueno, esta niña... ¿no me has dicho pa' qué rayos viniste tan pronto pa' ca?

CONDESA
Porque quiero recuperar mi casa.

CACHA
¿Cómo? ¿Tú oíste Papaíto?

PAPAÍTO
Sí, pero no entiendo... ¿Tú entendiste Vicelmita?

CONDESA

Podrías explicarles Arturito.

ARTURO

Mi abuela... quiere regresar a vivir a... esta casa.

CACHA

¿Sí? ¿No juegue? **(TR)** Bueno, chica, a mí no me molesta que vivas aquí con "nosotros", ¿Y a tí, Papaíto? **(TR)** ¡A Vilcemita ni le pregunto porque es un pedazo de carne con ojos!

CONDESA

Cuando digo vivir en mi casa, no se trata de vivir en este solar por supuesto.

CACHA

¡No, yo te entiendo, pero figúrate mi amiga, a mí me dieron la propiedad de ese cuarto que tú ves ahí!

PAPAÍTO

¡Y a mí me faltan por pagar cuatro meses, bueno tres porque este que está corriendo ya lo pagué, pa' que el cuarto sea mío también!

CONDESA

¿Cuatro meses para que el cuarto sea suyo?

PAPAÍTO

¡Sirilo! **(78)**

CONDESA

Arturito... ¿los comunistas han vendido los cuartos de mi casa?

CACHA

¡Y la sala, la saleta, el comedor, y la azotea!

FERMINA

¿La azotea también?

PAPAÍTO

Sí, porque allá arriba Medio Peso hizo un cuarto, que le quedó muy bueno, se sube por una escalera de caracol que está en el patio ¿quieres verlo?

CACHA

Le dicen el "penjaus"... **(79) (RISA)**

CONDESA

Arturito, creo que me voy...

FERMINA

¿Te vas a ir tan pronto y yo sin ver a mamita?

CONDESA

Me voy... a desmayar... **(SE DESMAYA)**

CACHA

¡Le dió una sirimba! **(80)**

PAPAÍTO

¡Maricusa! ¡Maricusa! ¡Se desmayó! **(81)**

FERMINA

(LA MIRA EXTRAÑADA) ¡María Eugenia, no te pases!

ARTURO

¡Abuela, abuela!

VILCEMA

¡Déjenme verla!

ARTURO

¡Dejen pasar a la doctora! ¡Por favor!

ILUMINACIÓN: APAGÓN.

LA ESCENA APARECE DESIERTA.

ILUMINACIÓN: DÍA.

SONIDO: MELODÍA PEGAJOSA EN LA RADIO

SONIDO: PLAY BACK.

YOLANDA
¡Cira, dile a tu hijo que baje ese radio, que me duele mucho la cabeza!

CUCO
¡Concha, cierra la pila que no sube el agua al inodoro!

CIRA
Oye Yolanda, cuando tu armas tus recholatas **(82)** en tu cuarto yo no protesto, así que ahora jeríngate, **(83)** porque hoy es el único día que Felito tiene pa' oír la grabadora.

YOLANDA
Caballeros, le ronca la malanga. **(84)** ¡Esta casa parece una accesoria!

CIRA
¡Ay que fista! **(85)**... ¡chica vete pa' Miami con la Condesa!

CUCO
¿Concha, ya cerraste la pila? **(86)**

CONCHA
¡Sí! ¡Avísame pa' seguir lavando!

PEDRO
¡Coño, se fue la luz! ¿Van a empezar los apagones otra vez?

YOLANDA
Niño, eso eran cosas de los comunistas. Lo que pasa es que seguro se fue un tapón. **(87)** Dile a Papaíto que te preste uno.

CONCHA
¡O pídele un kilo prieto a la Condesa, pa' hacer un "puente"! **(88)**

POR LA PUERTA DE LA CASA ENTRA VILCEMA, VIENE CON BATA BLANCA DE MÉDICO SOBRE LA ROPA DE CALLE, MALETÍN MÉDICO, ETC.

CACHA SALE DE SU CUARTO CON EL CUBO, LA FRAZADA Y EL PALO.

CACHA
Caballeros, vamos a callarnos un poquito... esta casa se ha echado a perder

desde que se fueron los "hermanísimos" **(89)** y vino la Condesa... La verdad es que vamos a ponernos pa' las cosas... **(90)** Yolanda tiene razón... ¡esto parece un solar! **(91)**

CONCHA SONIDO: (PLAY BACK)

¡Salió la otra fista del primero!

CACHA
Fista no chica... es que aquí no se puede leer, ni estudiar, ni oír música, ni conversar con nadie, porque esto parece un nido de perros. Cualquiera diría que somos unos chusmas. **(92)**

CIRA SONIDO: PLAY BACK.

Anda, sigue por ahí... desde que la Condesa está parando en casa de Vilcema... ¡Se creen que tienen a Dios cogió por las barbas!

VILCEMA
¿Qué pasa Cacha?

CACHA
¡Na'que si la envidia fuera tiña, este solar estaría lleno de "tiñosas"!

VILCEMA
No hagas caso.

CACHA
¡Es que se han extremao' desde que llegó la Condesa!

VILCEMA
¿Cuándo aprenderán? ¡Van a decir que todos somos unos solariegos! **(93)**

CACHA
De ti no van a decirlo porque tú eres Doctora.

VILCEMA
Eso no tiene que ver. Como dijo alguien "la educación comienza en la cuna y termina en la tumba". Hay quienes han entrado en la universidad, pero la universidad no entró en ellos.

CACHA

¡Oye ese radio está... a todo meter! **(94)**

VILCEMA

No te preocupes que yo resuelvo eso. **(SUBE POR LA ESCALERA) (ENTRA PAPAÍTO QUE TRAE UNA LATA DE VENDER TAMALES)** ¡Alabao, que escandalera! **(95)**

CACHA

Ya subió Vilce.

PAPAÍTO

Seguro que es el zangaletón **(96)** del hijo de Cira.

CACHA

Ese mismo.

PAPAÍTO

Olvídate que Vilcema... resuelve el problema.

CACHA

¡La domadora!

PAPAÍTO

Todo el mundo cuadra la caja **(97)** con ella, porque es la que le resolvía **(98)** a la gente...

CACHA

¡Y ahora! Porque fíjate quien vino a cuidar a la Condesa. ¡Caballeros mira que la vida tiene cosas!

PAPAÍTO

Esa mujer tan encopeta. **(99)** Venir a carenar **(100)** en la barbacoa de Vilcema.

SONIDO: CESA LA MÚSICA.

CACHA

Ay al fin... estaba volviéndome loca.

PAPAÍTO

No te dije que lo resolvía. Y sin gritería ni nada.

FERMINA SALE DEL CUARTO DE VICELMA CON UN ORINAL EN LA MANO.

CACHA
¿Cómo sigue la Condesa, Fermina?

FERMINA
Está mejorcita.

PAPAÍTO
Menos mal que se quedó.

FERMINA
(**IRÓNICA**) La Condesa tuvo un enamorado que le decía Maricusa.

PAPAÍTO
Mire las casualidades que tiene la vida.

FERMINA
Debe ser. (**TR**) El señorito Arturo la convenció pa' que se quedara. Ella es muy matraquillosa. (**101**)

EFECTO: CAMPANILLA.

CACHA
¿Eso qué es?

FERMINA
Es la campanilla de servicio.

CACHA
¿De qué?

FERMINA
De servicio... la suena para pedirme algo o para que me calle.

CACHA
Como tenemos que aprender Papaíto... ¡Chúpate esa! (**102**)

PAPAÍTO
Y el nieto, ¿se fue para Miami?

FERMINA
No, se hospedó en el Meliá. La doctora, no quiso que la Condesa se moviera de aquí hasta que hoy... más tranquila, defina lo que va a hacer.

PAPAÍTO
¿Y es verdad que ella piensa que nos vamos a ir todos de aquí?

CACHA
¿Pa' donde nos vamos a ir Papaíto? ¡Ojalá me dieran un apartamentico en una micro **(103)** pa' que tu vieras que si le "vendía" **(104)** a esto!

FERMINA
¿Una micro? **(TR)** ¿Y eso qué es?

PAPAÍTO
Un invento que hicieron los comunistas, te ponían a construir un edificio donde la gente tenía que trabajar de albañiles, hombres y mujeres, para que después te dieran el apartamento o no te lo dieran. Según le cayeras al secretario del Partido.

FERMINA
¡Ay que horror!

PAPAÍTO
Menos mal que ustedes no vivieron eso. **(TR)** Usted se fue con...

FERMINA
Sí, yo trabajo con esta familia desde hace muchos años. Mi mamá era cocinera y mi papá se hizo carpintero en una fábrica de muebles que tenía Don Ramiro... el padre de la Condesa.

CACHA
¡Mira pa'ahí!

VILCEMA
(BAJANDO LA ESCALERA) ¿Fermina, la Condesa está visible?

FERMINA
Sí, doctora.

VILCEMA
¿Cómo está pasando el día?

FERMINA
Le di todo lo que usted le recetó. Durmió muchísimo. Creo que está mejor.

CACHA
¿Qué fue lo que tuvo?

VILCEMA
¡Stress! ¡Agotamiento... un *shock* nervioso!

FERMINA
Eso puede ser... pero de agotamiento nada, porque no dispara ni un chícharo. **(105)**

VILCEMA
Eso no importa, para que el cerebro se sienta agotado. **(TR)** Voy a verla.

CONDESA
(SALIENDO CON UN TURBANTE, BATA DE SEDA Y PLUMAS).
No hace falta señorita, ya estoy mejor.

CACHA
Esto na' má que se ve en la Película del Sábado. **(106)**

FERMINA
¡A ella le encanta el artistaje... como vedette se hubiera buscado más que como Condesa!

VILCEMA
¿Cómo se siente señora?

CONDESA
Mejor. La materia está mejor. Pero el espíritu está moribundo.

VILCEMA
La comprendo.

CONDESA
Usted no puede comprender. Usted no sabe lo que son las tradiciones, los recuerdos familiares.

VILCEMA
(VA A RESPONDERLE, PERO SE CONTIENE)

CONDESA

A ustedes se lo dieron todo... yo lo heredé de mis antepasados, y estos a su vez de los suyos... fue muy triste cuando nos despojaron de lo nuestro... y ahora... que pensábamos recuperarlo... es más triste aún verlo todo así... destrozado... en ruinas... **(SE ENJUGA UNA LÁGRIMA CON UN PAÑUELITO DE ENCAJE)**

VILCEMA

Aunque no lo crea, la comprendo. Usted tiene razón, yo no he heredado nada. Mis padres eran pobres, dos guajiros **(107)** sin nada que dejarnos a mis hermanos y a mí. Sólo heredamos el deseo de superación que ellos no pudieron alcanzar.

CONDESA

Al menos lograron algo.

VILCEMA

Sí.

CONDESA

Ustedes han ganado más que nosotros.

VILCEMA

¿Usted cree? Mire a su alrededor y dígame... ¿Qué es lo que ganamos?

CONDESA

Usted, una carrera.

VILCEMA

Sí, aunque para lograrla, tuve que fingir una militancia que no sentía, hacer trabajos que no quería, estudiar materias que detestaba y al final la frustración de creer en algo que pensé que era justo, limpio, y que resultó todo lo contrario.

CONDESA

Nada en la vida es fácil.

VILCEMA

Para usted sí, usted heredó educación, dinero... comodidades.

CONDESA

Eso no lo es todo en la vida. Yo hubiera querido estudiar una carrera universitaria... ser abogado. Pero mi padre no quiso... **(TR)** "cuando necesites un abogado aquí estoy yo... y si no estoy vivo, ahí está tu primo Adalberto, para que te defienda cuando yo deje de existir". **(TR)** Cuando dije que quería ser actriz, hubo una conmoción familiar... Todas las mujeres que trabajan en el teatro son unas p... "¡Ni lo sueñes!" **(TR)** Fue la única vez que le oí decir una mala palabra a mi papá... **(TR)** Me tuve que dedicar a la profesión para la que nací, como decía mi abuela Carlota, "las niñas ricas nacen para ser buenas amas de casa: atender a sus maridos y a los hijos que Dios quiera mandarles". **(TR)** En esa profesión tampoco he sido brillante: no sé cocinar, ni sé lavar, ni fregar, ni limpiar... ni siquiera le cambié los pañales a mi hijo Arturo y el día que me atreví, le traspasé la nalga con el imperdible. ¡Cuando ví la sabanita tinta en sangre, me desmayé... nunca más lo cargué, por temor a lastimarlo! **(TR)** ¡No sé por qué estoy contando estas cosas! **(TR)** ¿Fermina, no sientes un terrible olor a kerosén? **(TR)** ¡Trae el *spray*!

FERMINA SALE HACIA EL INTERIOR DEL CUARTO.

CONDESA
¿A qué se debe ese espantoso mal olor?

VILCEMA
Debe ser el agua con luz brillante **(108)** con la que Cacha está limpiando su cuarto.

CONDESA
¿Limpian con eso? **(TR)** ¡Qué horror! ¿No tienen Pinesol u otro producto? **(TR)** ¡No, claro que no tienen!

FERMINA REGRESA CON EL SPRAY Y COMIENZA A USARLO. POR LA PUERTA DE LA CALLE ENTRA ARTURO.

ARTURO
Muy buenas por aquí. **(BESA A LA ABUELA)** Abuela tienes muy buen semblante. **(A VILCEMA)** ¿Cómo está doctora?

VILCEMA
Muy bien, muchas gracias.

ARTURO
Si la doctora lo permite, nos iremos al hotel. Alquilé una suite en el

Habana Hilton, **(SONRÍE)** bueno, todavía no le han quitado el lumínico antiguo. **(TR)** Pienso que allí estarás...

VILCEMA
...más cómoda... **(TR)** ¡Y si necesitara atención médica, por supuesto que aquí estoy!

CACHA
(CON INTENCIÓN) ¡Claro... hasta que resuelvan!

CONDESA
No creo que necesite más los servicios de la doctora. **(TR)** Fermina acompáñame a recoger mis pertenencias... **(TR)** Arturito, extiéndele un cheque a la doctora por sus honorarios y las medicinas.

VILCEMA
(RÁPIDA) A mí no tiene que pagarme nada.

CONDESA
Le agradezco su generosidad, pero estoy acostumbrada a pagar siempre por los servicios que recibo.

VILCEMA
En este caso no será así, Condesa. **(TR)** Porque por mis cuidados como médico de cabecera, el hospedaje en mi casa, por brindarle mi cama y mi privacidad, la cuenta se elevaría a una suma muy alta, que quizás usted no esté en condiciones de pagar.

LA CONDESA LA MIRA DE ARRIBA ABAJO.

CONDESA
Fermina, ayúdame a recoger mis pertenencias. **(MUTIS HACIA EL CUARTO)**

FERMINA SALE HACIENDO UN GESTO. REACCIÓN DE PAPAÍTO Y CACHA, QUE SIGUE LIMPIANDO.

ARTURO
(CUANDO QUEDAN SOLOS) Doctora no le haga caso a mi abuela, en el fondo es una pobre mujer que vive encerrada en sus recuerdos...

VILCEMA
Y en sus frustraciones.

ARTURO
¡Además de pediatra y de la medicina general, también es psicóloga!

VILCEMA
Esa asignatura la aprendí después de graduada en la universidad de la vida.

ARTURO
Habla usted como una mujer madura, con mucha experiencia.

VILCEMA
A muchos la vida nos ha hecho madurar antes de tiempo y vivir experiencias a destiempo...

ARTURO
Sí la veo así por la calle... o en el hotel... no hubiera pensado que usted...

VILCEMA
Las apariencias engañan.

ARTURO
Me permite que la tutee.

VILCEMA
Claro.

ARTURO
Nunca podré agradecerte todo cuanto ha hecho por mi abuela. Ayer pensé que se moría.

VILCEMA
No tienes que agradecerme nada. Tu abuela es un ser humano... una paciente.

ARTURO
De todas formas. Nuestra presencia aquí, no es muy grata. Ustedes nos ven como... unos intrusos que vienen a quitarles lo que les pertenece.

VILCEMA
Muchos piensan así. Yo no. Para mí ustedes son unas víctimas que vienen a reclamar lo que les quitaron. Esta casona está llena de recuerdos para su abuela, pero para usted estoy segura que no representa nada más que una propiedad semi destruida, llena de malos olores.

ARTURO
¡Eres más inteligente de lo que creí!

VILCEMA
Ustedes nos subestiman hasta en eso.

ARTURO
(PAUSA) (COGIDO EN FALTA) Creo que tienes razón. Nos creemos con la llave de los truenos en la mano.

VILCEMA
Esa llave sólo la tiene Dios.

ARTURO
Es verdad... doctora...

VILCEMA
¡Vilcema!

ARTURO
¡Perdóname!

VILCEMA
No tengo por qué perdonarlo.

ARTURO
Yo te tuteo y tú me tratas de usted. **(TR)** No quieres bajar el puente. Me quieres mantener en la otra orilla.

VILCEMA
No. De veras que no Arturo.

ARTURO
Gracias... Vilcema. **(TR)** Nunca había escuchado tu nombre.

VILCEMA
Ni creo lo vayas a escuchar tampoco.

ARTURO
¿Por qué?

VILCEMA
Porque es una mezcla de varios nombres, que representaron una época romántica en este país para muchos... para mis padres...

ARTURO
Explícame eso. Yo no conozco nada de esa época que tú viviste.

VILCEMA
A mí no me tocó esa etapa... yo "bailé con la más fea"... el período especial... la generación que sufrió y vivió el desengaño, la mentira y la traición. **(TR)** Mis padres no, ellos vivieron el principio... la cacareada libertad, la igualdad, la construcción del hombre nuevo, que nunca se construyó... **(TR)** Por eso me pusieron Vilcema... "vil" por Vilma... (la esposa de Raúl) "ce" por Celia... (la compañera de Fidel en La Sierra... y "ma" por María que era el nombre de mi madre. **(RÍE)** Aunque papi, me quería poner Vilcelme... "me" por Melba la hermana de Abel...

ARTURO
¡Es más raro aún!

VILCELMA
Por eso mami se opuso porque decía que parecía el nombre de un talco para los pies. **(RÍE)**

AMBOS RÍEN.

ARTURO
¿Murió?

VILCEMA
Sí... de sufrimiento. Después de los primeros momentos de euforia revolucionaria le fusilaron a un hijo... mi hermano mayor que se alzó en El Escambray; **(109)** el que le seguía junto con mi padre fueron presos plantados, el viejo murió al poco tiempo de salir de prisión... y mi hermano vive en Miami, hace diez años.

ARTURO
(SORPRENDIDO) No sabía...

VILCEMA
¡Las apariencias engañan!

ARTURO
Has vivido muy aprisa.

VILCEMA
Cada cual vive lo suyo.

ARTURO
Pero a ustedes le toco la parte más dura.

VILCEMA
Todo es según del color con que se mire. Para tus padres... para tu abuela, el exilio tiene que haber sido muy duro. Tuvieron que abrirse paso en un país ajeno, con un idioma extraño.

ARTURO
Pero ustedes tuvieron que enfrentar escasez, miseria, hambre, la pérdida de tu hermano...

VILCEMA
Muchos de ustedes también tuvieron que enfrentar esas mismas cosas... solo nos llevaban de ventaja una sola cosa: la libertad.

ARTURO
Ves... llevamos la mejor parte.

VILCEMA
No creo que nos beneficie a ninguno establecer comparaciones. Somos hermanos de una misma madre que ha estado enferma durante muchos años, ahora todos tenemos que atenderla y cuidarla, para que sane y vuelva a levantarse y pueda caminar sin muletas.

ARTURO
(SINCERAMENTE EMOCIONADO) Hablas muy bonito.

VILCEMA
Puedo preguntarte una cosa.

ARTURO
(RECUPERÁNDOSE) Y dos también.

VILCEMA
¿A qué edad te fuiste de Cuba?

ARTURO
A los tres años.

VILCEMA
¿Y cómo hablas tan bien el español?

ARTURO
Porque mis padres me obligaban a hablarlo en la casa. En familia siempre se hablaba español, en la mesa, en las fiestas... Yo me siento muy cubano. ¡Me encantan los frijoles negros, el lechón asado en púa, la yuca con mojo, los pastelitos de guayaba, el café por supuesto!

VILCEMA
(RÍE)

SONIDO: FILTRA TEMITA AMOROSO.

ARTURO
Sabes que tienes una sonrisa preciosa.

VILCEMA
(ALGO CORTANTE) Gracias.

ARTURO
Creo que ha sido muy importante haberte conocido.

VILCEMA
Para mí también... Creo.

SONIDO: CESA TEMA.

CONDESA
(EN LA ESCALERA) Arturito, ya estoy lista.

ARTURO
Nos vamos cuando quieras abuela.

FERMINA
(A VILCEMA) Se lo dejé todo recogido doctora.

VILCEMA
No tenía que haberlo hecho Fermina.

CONDESA
Esa es su obligación. Por eso le pago.

FERMINA MIRA A VICELMA Y LE HACE UN GESTO DE QUE NO LE HAGA CASO.

VILCEMA
Adiós Condesa... que siga bien.

CONDESA
Tendrán noticias mías a través de mi abogado, para desalojar la casa. **(TR)** Siempre se les dará un tiempo prudencial para que puedan encontrar otro lugar donde vivir, incluso se les ofrecerá una suma como indemnización **(RÁPIDA)** pero esto no significa que les voy a dar una fortuna con tal de que se vayan. No admito los chantajes, y estoy segura que la ley estará de mi parte.

PAPAÍTO Y CACHA HAN SALIDO Y ESCUCHAN A LA CONDESA. VAN A INTERVENIR PERO VILCEMA LOS DETIENE.

VILCEMA
(SONRÍE COMPRENSIVAMENTE) Es usted muy generosa Condesa, confío plenamente en la justeza de la ley, para que ni usted ni nosotros lamentemos lo que está ocurriendo. Mientras tanto, esperaremos por su abogado... y nosotros nombraremos uno para informarnos de nuestros derechos. **(TR) (A ARTURO)** Ingeniero, quiero que me mantenga al tanto de la salud de la señora Condesa, **(SACA PLUMA Y ESCRIBE EN UN RECETARIO)** Este es el teléfono del hospital, pregunte por mi y con mucho gusto iré a visitarla.

ARTURO
Muchas gracias por todo doctora. Le estoy muy agradecido. **(LE DA LA MANO)** Vamos abuela.

VILCEMA
Ninguno de los que vivimos en esta casa queremos perjudicarla Condesa, usted quiere volver a vivir aquí y es entendible. Pero todas las familias que habitamos esta casa de vecindad, necesitamos un lugar donde vivir. Todos aspiramos a algo mejor de lo que tenemos. Por eso, estoy segura que hallaremos la mejor vía para todos.

CONDESA
Vamos. (**A TODOS, PERO SIN MIRAR A NADIE**) Buenos días. (**MIENTRAS SALE, APARTE A ARTURO**) ¿Ya le pagaste?

ARTURO
(**SALIENDO, MÁS ENÉRGICO**) ¡Vamos abuela!

FERMINA, MIENTRAS SALE, HACE GESTO SIGNIFICATIVO CON LA CABEZA.

APAGÓN.

EN UN ÁNGULO DEL ESCENARIO, PARTE DE LA SUITE DEL HOTEL DONDE ESTÁ HOSPEDADA LA CONDESA. LA CONDESA EN BATA DE CASA Y TURBANTE, FERMINA LE SIRVE TÉ. ARTURO EN BATÍN CORTO JUNTO A LA ABUELA.

CONDESA
¡No,... no... y no!

ARTURO
¡La vida no es como tú crees abuela! Perdóname que te lo diga, pero estás equivocada.

CONDESA
Tengo todo el derecho de reclamar lo que es mío.

ARTURO
Estoy de acuerdo. Pero ellos tienen que luchar por lo que pagaron.

CONDENA
No me lo pagaron a mí... esa casa jamás se puso en venta.

ARTURO
Se la pagaron a Fidel. Ese es el culpable de todo esto.

CONDESA
Que vayan a reclamarle al infierno o donde esté metido.

ARTURO
Abuela no te ciegues. Por un momento ponte en el lugar de esa pobre gente. ¿Para ti, qué significa esa casona en ruinas?

CONDESA

¡Mucho! ¡Toda una vida... todos mis sueños juveniles... el pasado de tus bisabuelos, la infancia y la juventud de tu padre!

ARTURO

¡Ya lo dijiste... el pasado... los sueños! ¡Todo eso quedó aprisionado en tus álbumes de fotos... no hay más que eso!

CONDESA

¡No sé como puedes pensar así!

ARTURO

Porque veo la vida de otra manera.

CONDESA

Tu abuelo lo decía: "en los Estados Unidos los jóvenes se vuelven materialistas... hasta los nacidos allí se vuelven medios rosaditos". **(TR)** ¡Mira a la Jane Fonda, socialista en Hollywood con piscina y Mercedes!

ARTURO

Abuela, yo no soy materialista ni rosado... amo la democracia y la libertad que ustedes me enseñaron a respetar y querer. **(TR)** Pero soy práctico. Esa casona está destruida... Al final tendrán que demolerla y levantar un edificio de apartamentos para que esa gente pueda vivir como Dios manda.

CONDESA

¡Jesús, María y José! ¡Un edificio de apartamentos, en mi casa!

ARTURO

A ti te costará una millonada que no tienes, para levantarla de nuevo, porque lo que trajimos para repararla no alcanza ni para empezar. Tendrías que traer de Miami, desde las lozas de mármol hasta el cemento. **(TR)** ¿Sabes tú, cuánto te costará eso?

CONDESA

Pediríamos un loan.

ARTURO

Otro más. Recuerda que pedimos una línea de crédito en conjunto para comprar el yate y los dos echamos para delante nuestros ahorros para comprar los materiales.

CONDESA
¡Bueno... ya Dios proveerá!

ARTURO
Abuela no te ciegues... siempre te he admirado por ser una mujer inteligente, que no pudo desarrollar su intelecto por una educación equivocada por los prejuicios de una época... pero ahora no te dejes arrastrar por el orgullo, o en el mejor de los casos por un romanticismo trasnochado. Piensa en esa gente, despréndete del egoísmo y analiza que nos toca ahora a nosotros ayudar. **(TR)** Piensa en Vilcema... toda una profesional inteligente, viviendo en una barbacoa sin baño ni agua corriente.

CONDESA
Yo no tengo la culpa de que los comunistas no resolvieran ese problema.

ARTURO
¡Pero sí vas a ser culpable de echar a ese montón de vecinos a la calle!

CONDESA
Se les indemnizará para que busquen otro lugar donde vivir.

ARTURO
¿A dónde abuela? ¿Dónde están las nuevas construcciones? ¿O es que no sabes que Cuba está en la bancarrota, que nos toca a nosotros, a todo el exilio ayudar a levantarla de la ruina en la que la han dejado los comunistas?

CONDESA
Alcánzame el limón Fermina.

ARTURO
Por otra parte estás haciendo planes de desalojo y ni siquiera sabes si la ley te ampara.

CONDESA
Los que tomen las riendas de este país saben que hay propiedades que recuperar.

FERMINA
Si todos esos que dices pensaran como tú, pobre de Cuba, María Eugenia Campofino.

CONDESA

¡Sírveme más té Fermina!

ARTURO

Este es nuestro momento histórico abuela. No tenemos mucho tiempo. La vida sigue. Tú y yo junto con ellos estamos escribiendo el mañana, miremos el pasado en tus álbumes de fotos, pero caminemos en el presente hacia el futuro. **(LA BESA Y SALE)**

FERMINA

(CON MARCADA INTENCIÓN) María Eugenia, te toca la pastilla que te recetó la doctora Vilcema. ¡Abre la boca!

APAGÓN.

SE ILUMINA LA ZONA DE LA PUERTA DE LA CALLE DE LA CASONA. ES DE NOCHE. LA ESCENA ESTÁ COMPLETAMENTE DESIERTA.

SONIDO: GRILLOS NOCTURNOS.

ALGÚN QUE OTRO GATO OFRECE UNA SERENATA A SU AMADA. POR LA PUERTA ENTRAN VILCEMA Y ARTURO.

VILCEMA

Muchas gracias por acompañarme Arturo.

ARTURO

No te preocupes, para mi ha sido un placer.

VILCEMA

Gracias a Dios, tu abuela se ha recuperado... es una mujer muy fuerte.

ARTURO

(SONRÍE)

V ILCEMA

¿De qué te ríes? dije algo incorrecto.

ARTURO

No, es que me dio gracia oírte decir: ¡"Gracias a Dios"!

VILCEMA
¡Ah! **(TR)** Debe ser que nosotros aquí hemos intentado acercarnos más a Dios, por todo lo que pasamos.

ARTURO
Seguramente lo que pasa es que nunca creí que los jóvenes nacidos y criados en el comunismo pudieran sentir y pensar de esa forma.

VILCEMA
Tenemos que empezar a conocernos más. **(TR)** Yo tampoco pensé que los niños que salieron de aquí hace tantos años hablaran el español tan bien, ni sintieran lo que tú por Cuba.

ARTURO
¡Ni que nos gustaran tanto los frijoles negros y la yuca con mojo!

VILCEMA
(RISA)

SONIDO: TEMA DE AMOR.

ARTURO
(LE TOMA LAS MANOS) Eres muy linda Vilcema.

VILCEMA
(LO EVADE) Por favor Arturo... no lo eches a perder.

ARTURO
No quiero echarlo a perder.

VILCEMA
Tú tienes tu vida... y yo la mía... no sabemos nada el uno del otro.

ARTURO
Tenemos que conocernos más... tú misma acabas de decirlo.

VILCEMA
Pero no me refería a esto.

ARTURO
Yo me refiero a todo. Vilcema, me estoy enamorando.

VILCEMA

No te burlas.

ARTURO

No me burlo. Me estoy enamorando. Contigo he aprendido a amar las calles empedradas y el interminable malecón, los portales, las rejas coloniales, los faroles... tú me has enseñado.

VILCEMA

¡No, ese amor te lo enseñó tu abuela... tu padre... tu familia!

ARTURO

Contigo lo he materializado... tu me has enseñado algo más importante...

VILCEMA

Estás equivocado, confundes el amor por Cuba con el amor hacia...

ARTURO LA BESA DULCEMENTE, APASIONADAMENTE.

VILCEMA

¡Arturo... esto no puede ser!

ARTURO

¡Te amo!

VILCEMA

(SE SEPARA) ¡Entre tú y yo se abre un gran abismo!

ARTURO

¿Por qué?

VILCEMA

(MUY TENSA) Yo tengo mi profesión, tú la tuya. Yo vivo aquí y tú en Miami... **(TR)** Mira lo que es mi vida: un hospital desabastecido y una barbacoa en la casona de tus antepasados.

ARTURO

¡Quiero casarme contigo!

VILCEMA

(LARGA PAUSA) No puede ser Arturo. Me imagino la cara que pondría tu abuela.

ARTURO
Mi abuela, es más inteligente de lo que parece.

VILCEMA
Yo soy una guajirita que la revolución hizo médico.

ARTURO
No, tú eres una mujer que se empinó por encima de su origen por sí misma y llegó a lo que eres: ¡una profesional de la medicina!

VILCEMA
Y que un día se tropezó con un apuesto ingeniero de ojos color de humo... **(TR)** como en las novelitas de Corín Tellado por obra y gracia de la casualidad.

ARTURO
¡La casualidad no existe! **(TR)** Cierto día te tropezaste con un desdichado ingeniero que creció lejos de sus raíces suspirando por encontrar en su tierra a la mujer de su vida.

VILCEMA
(PAUSA) Todo esto no será un espejismo, por parte de los dos.

ARTURO
Y sí así fuera, no crees que valdría la pena caminar juntos tomados de la mano... pendientes de lo que nos depare el destino.

VILCEMA
(PAUSA) Tengo miedo.

ARTURO
De los cobardes...

VILCEMA
...no se ha escrito nada.

ARTURO LA ATRAE HACIA ÉL Y LA BESA NUEVAMENTE.

ARTURO
¿Qué me respondes?

VILCEMA
Hasta mañana... Ingeniero.

ARTURO
No me has respondido.

VILCEMA
(VILCEMA SUAVEMENTE LO SACA FUERA DE LA PUERTA)
¡Good Night!

ARTURO
¡Hasta mañana... mi amor!

VILCEMA CIERRA LA PUERTA, PONE LA TRANCA Y AVANZA HACIA LA ESCALERA QUE CONDUCE A SU BARBACOA, CUANDO DE PRONTO SE ARMA UNA GRAN GRITERÍA EN LA CASONA. SE ENCIENDEN LAS LUCES DE LOS CUARTOS. OBVIAMENTE TODOS HAN VISTO LA ESCENA DE AMOR. GRITERÍA EN PLAY BACK.

APAGÓN.

POR LA PUERTA DEL SOLAR ENTRA LA CONDESA, VISTE UN CONJUNTO ELEGANTÍSIMO DE VIAJE, CON GUANTES, SOMBRERO Y CARTERA. SEGUIDA DE FERMINA QUE VISTE OTRO TRAJE IGUALMENTE SENCILLO AL DEL PRINCIPIO.

ILUMINACIÓN: DÍA.

SONIDO: (PLAY BACK) PROPIOS DEL SOLAR.

CONDESA
(ESTÁ ALGO TENSA) (DUDOSA) ¡Ve y avísale Fermina!

FERMINA
A lo mejor ya se fue para el hospital.

CONDESA
No lo creo. Arturito sabe perfectamente sus horarios y sus días descanso. Y hoy es su día libre.

FERMINA
Cuidado... ¡Ahí viene el señorito!

ARTURO, VISTE OTRA COMBINACIÓN DEPORTIVA MUY ELEGANTE. LLEVA PORTAFOLIO.

ARTURO
¿Ya le avisaron?

FERMINA
¡No, tu abuela se trae un pa'tra y pa' lante…!

CONDESA
¡Fermina! (**AL NIETO**) Sencillamente estaba esperando por ti.

ARTURO
Entonces, voy a subir para avisarle que ya estamos aquí.

CONDESA
¡Espera! (**TR**) ¿Estás seguro del paso que vas a dar?

ARTURO
¡Abuela!

CONDESA
¿No te arrepentirás?

ARTURO
¡No! ¡El corazón me dice que no!

CONDESA
¡El corazón a veces se equivoca!

ARTURO
Puede que sí, pero cuando la razón lo apoya (**SE TOCA EL CORAZÓN**) las probabilidades de error son mínimas.

CONDESA
(**LO MIRA EN SILENCIO**)

ARTURO
Vuelvo enseguida.

ARTURO SUBE LA ESCALERA.

FERMINA
¡Quién lo iba a decir! Arturito tan tarambana **(110)** en Miami se vino a enamorar aquí en La Habana.

LA CONDESA LA MIRA Y NO DICE NADA.

FERMINA
La vida moderna es algo muy grande. Una doctora que vivía en una barbacoa, ahora se casa con un ingeniero rico. Eso antes nada más se veía en las novelas.

LA CONDESA LA MIRA Y NO DICE NADA.

FERMINA
La doctora salva a la vieja cuando le dió la sirimba. El nieto se enamora de ella, se casan y colorín colorado. ¡Caballeros como cambian los tiempos!

CONDESA
(TR) ¿Arturito qué pasa?

ARTURO
¡Enseguida!

CONDESA
Ya estoy impaciente por llegar a Miami. Tenemos mucho que hacer.

FERMINA
Me lo imagino.

VILCEMA SALE POR ENTRE LAS CORTINAS. VISTE UN SENCILLO PERO ELEGANTE VESTIDO. LLEVA CARTERA Y ALTOS TACONES.

FERMINA
(A LA CONDESA) ¡Ya está entrando en "caja"! **(111)**

CONDESA
¡Cállate!

VILCEMA
Perdonen la demora.

CONDESA
Espero que no perdamos el avión.

ARTURO Y VILCEMA BAJAN LAS ESCALERAS.

VILCEMA
(LE EXTIENDE LA MANO A LA CONDESA) ¿Cómo está señora?

CONDESA
(PONE LA CARA. ESPERANDO EL BESO)

VILCEMA
(MUY CORTADA LA BESA)

CONDESA
En mi familia es una tradición besar a las personas mayores y a "los seres queridos".

ARTURO
(SONRÍE) Eso me lo enseñó Fermina, cuando era mi manejadora. **(112)**

FERMINA
¡Pero a mí nunca me besa el muy 'desgraciao'!

ARTURO
¡Mentirosa! **(JUGUETEA CON ELLA)**

FERMINA LO EVADE Y LANZA GRITICOS.

CONDESA
¡Basta Arturito que le vas a arrugar el vestido! **(TR)** Doctora, creo que le debo una explicación. **(TR)** He pensado bien la inversión que tendría que hacer para devolverle el esplendor a esta casa, y sacando números, he llegado a la conclusión de que no vale la pena. **(TR)** Confieso que Arturito ha tenido mucho que ver en esta decisión. Quizás compre un apartamento de dos o tres cuartos en Varadero para cuando mi nieto quiera irse de vacaciones con su mujer... **(TR)** después de todo Fermina y yo nos estamos poniendo viejas... y una casa tan grande para nosotras dos, resulta demasiado...

ARTURO
(SONRÍE Y LE BESA LA MANO A LA ABUELA)

VILCEMA
Le agradezco sus buenas intenciones. Yo estoy segura que el nuevo gobierno la indemnizará por las propiedades que los comunistas le expropiaron.

CONDESA
Eso me ayudará para comprar el apartamento. **(A ARTURO)** Tienes que ir conmigo a Varadero para escoger el apartamento Arturito... **(A VILCEMA)** De todas maneras, trataré por todos los medios que el gobierno repare esta propiedad. Dígales a todos los vecinos de "mi casa" que ya no la quiero, que hace tanto tiempo que no la vivo que ya no la siento mía. **(TR)** ¡Vamos!

ARTURO
Sí, vamos.

CONDESA
(A VILCEMA) (REPONIÉNDOSE) Camino a Rancho Boyeros se enterará de las instrucciones que le he dado a nuestro abogado en relación con su pasaporte y el visado americano para que cuanto antes...

VILCEMA MIRA A ARTURO.

ARTURO
Abuela, Vilcema y yo queremos casarnos aquí en Cuba... en La Catedral... como abuela Carlota y como tú...

CONDESA
(EMOCIONADA) ¿De veras?

ARTURO
Sí y vamos a vivir y a fijar nuestra residencia aquí. Tenemos mucho que trabajar, compraremos un apartamento y...

CONDESA
(INTERRUMPE) ¿Apartamento? **(TR) (VUELVE A SOÑAR)** ¡Oh!... no... tendrán que vivir en una casona como la... **(VA A DECIR LA MÍA)** ¡Bueno... como en la que yo vivía... con pisos de mármol, balaustradas de hierro forjado y bronce!

ARTURO
Abuela... viviremos frente al mar... en un piso bien alto, para por las mañanas poder verte cuando salgas a regar tus rosales en Coral Gables.

CONDESA
(**SONRÍE MELANCÓLICA**) Sí, claro... (**TR**) vamos Fermina... Nos espera mucho trajín con los preparativos de la boda... ¡Ahora más que será en La Catedral!

FERMINA
¡Estás culeca, **(113)** María Eugenia; se te casa el niño... no recuperaste la casona... pero ganaste una nieta doctora... Condesa de Luyanó!

LA CONDESA INICIA SALIDA SEGUIDA DE TODOS.

ARTURO
¡Hasta pronto!

TODOS LOS DESPIDEN.

PAPAÍTO
¡Hasta pronto... Maricusa!

CONDESA
(**SE DETIENE EN SECO**) (**QUIERE MIRARLO, PERO CONTINÚA ALTIVA, SEGUIDA POR FERMINA QUE MIRA A PAPAÍTO Y LE GUIÑA UN OJO**)

SONIDO: REAGGETON A TODO VOLUMEN.

TODOS BAILAN.

FIN

NOTAS A LA DRAMATURGIA

1 Aguada de Pasajeros: El Municipio de Aguada de Pasajeros es uno de los treinta y dos municipios en la provincia de Las Villas. Se encuentra al extremo sur y occidente de la provincia.

2 El Vedado: Populoso y elegante barrio de La Habana.

3 María Auxiliadora: Colegio Católico para señoritas.

4 Sans Souci: Famoso cabaret cubano construido en los 40, en La Habana, en la barriada de Mariano llamada La Coronela y que tuvo su esplendor en los 50 presentando a los mejores artistas cubanos de la época como: Celia Cruz, Manolo Álvarez Mera, Merceditas Valdés, Rita Montaner, y otros, Por su exclusivo escenario desfilaron estrellas internacionales como Frank Sinatra, Nat King Cole y Edith Piaf. Cuando Castro tomó el poder fue cerrado y en la actualidad es un solar yermo.

5 San Agustín: Iglesia Católica, ubicada en la elegante barriada de Miramar.

6 Miramar: Exclusivo barrio de La Habana.

7 Álvarez Guedes, Guillermo: Comediante cubano radicado en Estados Unidos.

8 Sedano's: Cadena de supermercados de propietarios cubanos en Miami.

9 Havana Yatch & Country Club: Exclusivo club social habanero situado en la zona de la Playa de Marianao, en la provincia de La Habana, lucía su esplendor en un palacete señorial. Era famoso por sus campos de tenis, golf y cruceros. En sus salones se daba cita la élite de la sociedad habanera.

10 Obatalá: Es el padre de todos los hijos en la tierra. La Virgen de La Mercé según el sincretismo religioso africano.

11 Internal Revenue: Impuestos sobre la renta en Estados Unidos.

12 Westchester: Barrio de la ciudad de Miami.

13 Cuora: Manera de referirse en español al "Quarter", moneda de veinticinco centavos de dólar.

14 Coral Way: Calle de la ciudad de Miami.

15 Los Jimaguas: También llamados los Ibeyis son Orishas de la religión Yoruba. Personifican la fortuna, la suerte y la prosperidad.

16 Eleguá: Es la primera protección en la religión Yoruba. El Santo Niño de Atocha, en sincretismo religioso que hicieron los esclavos con la iglesia católica.

17 Osun: También llamado Ozun, es un Osha del grupo de Orisha Oddé, comunmente llamados Los Guerreros junto a Elegguá, Oggún y Oshosi. Representa al espíritu ancestral que se relaciona con el individuo genealógicamente y que le guía y advierte; es el vigilante y guardián.

18 Changó: Santa Bárbara en la religión católica. Es un Osha guerrero y uno de los Orishas más populares del panteón Yoruba.

19 Ochún: Santísima Virgen de la Caridad del Cobre. Está en el grupo de Oshas de cabecera en la religión Yoruba. Representa la intensidad de los sentimientos, la espiritualidad, la sensualidad, la delicadeza, el amor y la femineidad.

20 Yemayá: Virgen de Regla. Es la madre de todos los hijos en la tierra. Es la fertilidad y la maternidad. Es un Osha de cabecera. Se simboliza como las olas del mar, el río y todos sus atributos.

21 Ogún: Representa la fortaleza, el trabajo y la fuerza. Se simboliza por el hierro, todos los metales y la virilidad. Es dueño de todo tipo de cadenas y herramientas.

22 Inlé: Llamado Erinlé también, es un Orisha que representa la pesca y la recolección hortícola. Protege a médicos y pescadores. Es guerrero, cazador, pescador, adivino y médico de la Osha. Se representa por el pescado. Es proveedor del sustento humano.

23 Aggayú: Es un Orisha que representa en la naturaleza al volcán, el magma, el interior de la tierra, las fuerzas y energías de la naturaleza. Es el gigante de la Osha. Es el Orisha del fuego, de carácter belicoso y colérico.

24 Ochosi: Es cazador por excelencia. Se relaciona con la cárcel, la justicia y los perseguidos, es el pensamiento capaz de trasladarse a cualquier sitio y capturar o coger algo. Se simboliza por el arco y la flecha. Es mago y brujo.

25 Babalú Aye: San Lázaro. Padre del Mundo. Es el Orisha de la lepra, la viruela, las enfermedades venéreas, las epidemias y todas las afecciones de la piel. Muy conocido y venerado.

26 W.Q,B.A: Emisora radial hispana de la Florida.

27 W.A.Q.I Radio Mambí: Emisora radial hispana de la Florida.

28 Pérez Roura, Armando: Periodista y comentarista radial de gran prestigio y popularidad en la Comunidad Hispana de USA, especialmente la cubana. Director de WAQI, Radio Mambí.

29 Oscar Haza: Periodista dominicano y comentarista de radio y televisión de gran prestigio y popularidad en la Comunidad Hispana de Estados Unidos.

30 El Morro: El Castillo de los Tres Reyes Magos del Morro, emblemática fortaleza habanera, es la más antigua fortificación construida por los españoles en América iniciándose las labores de construcción en 1589, terminándose cuarenta años después en 1629.

31 Canal 23: Univisión, Cadena Nacional de Televisión en Estados Unidos cuya sede se encuentra en la ciudad de Miami.

32 Telemundo: Canal 51 Cadena Nacional de Televisión, competencia de Univisión. Su sede central está en la ciudad de Hialeah.

33 Martha Casañas: Actriz y locutora cubana de gran renombre en el Sur de la Florida.

Marcos Miranda

34 Lourdes de Kendall: Popular conductora de programas radiales en el Sur de la Florida.

35 Tomás Regalado: Comisionado de Miami, Periodista y Analista Político de gran arraigo popular en el Sur de la Florida.

36 Ninoska Pérez Castellón: Periodista, Analista y Activista Política, reconocida y respetada por el gran público en el Sur de la Florida.

37 María Montoya: Presentadora del Noticiero Nacional de Telemundo.

38 Ambrosio Hernández: Presentador del Noticiero Nacional de Telemundo.

39 La Cabaña: Fortaleza de San Carlos de la Cabaña, es la más grande de las edificaciones militares, construida por España en América. Empezó a edificarse en el este del puerto de La Habana, terminándose las obras en 1774.

40 Parque Maceo: Erigido a la memoria del Titán de Bronce. Muestra la estatua ecuestre, realizada por el italiano Boni, del Mayor General Antonio Maceo, héroe de la Independencia de Cuba. En la calle San Lázaro, a la altura de la Calzada de Belascoaín, frente al Malecón habanero.

41 Palacio Presidencial: En 1909 el general Ernesto Asbert, entonces gobernador de La Habana, decidió la construcción de una nueva sede para acoger al Gobierno Provincial. El proyecto fue realizado por los arquitectos Rodolfo Maruri (cubano) y Paul Belau (belga). Por su parte la decoración interior estuvo bajo la responsabilidad de Tiffany Studios. Sus pisos y escaleras son del famoso mármol de Carrara de Italia. A fines de 1917, visitó las obras la Primera Dama de la República; Mariana Seva, quedó cautivada por la magnificencia de la edificación y Mario García Menocal, su esposo y Presidente del país, decidió que el edificio pasara al gobierno de la isla, y no al de la provincia. A inicios de 1918 el edificio se convirtió en el Palacio Presidencial de la República de Cuba.

42 Paseo del Malecón: El Malecón es un paseo marítimo que recorre el litoral de La Habana y el Vedado, flanqueado por un muro de cerca de 1 metro de ancho, se extiende por alrededor de 12 kilómetros desde La Punta, en la entrada de la bahía, hasta el túnel de 5ta Avenida en el río Almendares, en los límites del Vedado y Miramar.

43 Paseo del Prado: Se extiende desde la explanada de La Punta en la entrada de la Bahía hasta la Fuente de la India en la esquina con la calle Monte, con una longitud de alrededor de 2000 metros. Construido a partir del año 1700, ya en el 1772 era el paseo Favorito de los habaneros, se complementó a fines del siglo XIX con el Parque Central y tomó su fisonomía actual a partir de 1928. Siempre ha sido lugar de encuentros y esparcimiento de los habaneros de todas las épocas. Está flanqueado por numerosos edificios con amplios portales, así como por el Teatro Payret, Hotel Inglaterra y Sevilla, etc.

44 El 51: (ver No. 30)

45 Fin de Siglo: Lo anunció la revista El Fígaro. En una alegre noche de fines del año 1897 abría sus puertas al gran mundo habanero el entonces Bazar Fin de Siglo, que exhibía en sus anaqueles todo lo mejor que se importaba de los centros fabriles de Europa y América.

46 La Protectora: Exclusiva mueblería de La Habana republicana.

47 Ceiba Mocha: Pueblo en el barrio de su nombre. Dista quince kilómetros de la cabecera del municipio de Matanzas, provincia de Matanzas.

48 Puerto del Mariel: Se refiere al éxodo masivo, por vía marítima, de cubanos hacia Estados Unidos en 1980.

49 El Rincón: Santuario de San Lázaro y leprosorio situado en Santiago de las Vegas, pueblo en la Provincia de La Habana.

50 Perico: El Municipio de Perico es uno de los veintidós municipios en la Provincia de Matanzas. Su territorio cubre una superficie de 218 kilómetros cuadrados. Al norte limita con los términos municipales de Máximo Gómez y Martí; al este con los de San José de los Ramos y Colón; al sur con el municipio de Agramonte; y al oeste con el de Jovellanos.

51 Barbacoa: Entresuelo. Construcción generalizada en Cuba como paliativo a la escasez de vivienda en Cuba.

52 Habana Hilton: Elegante hotel habanero construido en la década de los 50 por la mundialmente famosa Cadena Hotelera Hilton.

53 Yuma: En el argot popular es sinónimo de Estados Unidos.

54 Shopin: En el argot popular cubano: Tiendas pagaderas en moneda convertible, donde las personas que reciben dólares del extranjero pueden comprar productos que no se encuentran regularmente en las tiendas estatales.

55 Bustelo: Marca de café.

56 Yonis: En el argot popular equivale a norteamericano o todo lo relacionado con ellos.

57 Bajar el/la: En el argot callejero: Traer, llevar, entregar, manipular algo.

58 Carcañal de Indígena: Persona tacaña, ahorrativa en exceso hasta llegar al ridículo.

59 Patas pa'rriba: En el argot callejero: Reguero, desorden.

60 De a verdura: En el argot callejero: Decir la verdad.

61 El Riviera: Hotel elegante construido en la década de los 50.

62 Calixto García: Hospital Clínico Quirúrgico Docente General Calixto García, se fundó el 23 de enero de 1896 con el nombre de Hospital Militar Alfonso XIII por el gobierno colonial español en los terrenos Alturas del Príncipe. Concluida la guerra contra España el 24 de agosto de 1898, el gobernador de Norteamérica dispuso una inversión elevadísima de dinero para reparar, modernizar el equipamiento del centro, bautizándose como Hospital Militar Número Uno. En 1917 toma el nombre con el que es conocido hoy día.

63 Picuala y Galán de Noche: Arbustos de flores olorosas típicas del trópico.

64 Champola: Refresco hecho con la pulpa de la Guanábana (Fruto tropical y exótico).

65 Tocaísimo/a: En el argot callejero: Muy bueno/a.

66 Poder Popular y Reforma Urbana: Dependencia estatal relacionada con la vivienda durante el socialismo castrista.

67 Acaba de aterrizar: En el argot popular: Darse cuenta de algo.

68 Se conserva en formol: Que luce muy bien, en el argot cubano.

69 Jama: En el argot popular: Comida.

70 La cuchilla: Cirugía plástica.

71 La pura: En el argot callejero: Vieja, la madre

72 Cache. Que caché: Elegante. Distinguido.

73 Perrier: Marca de agua mineral.

74 Coral Gables: Exclusiva ciudad de la Florida, insertada dentro de los límites del Condado Miami-Dade.

75 Tupe: Mentira, Engaño.

76 Ñangara: Comunista.

77 Birria: Basura. Algo que no sirve.

78 Sirilo: Si. Algo afirmativo.

79 Penjaus: Penthouse.

80 Sirimba: Infarto. Desmayo.

81 Recholata: Fiesta. Sarao.

82 Jeringar: Fastidiar. Fastidiarse

83 Le ronca la malanga: Expresión de sorpresa positiva o negativa.

84 Accesoria: Casa de vecindad.

85 Fista/o. ¡Que fista/o! Fina/o. ¡Que fino/a!

86 Pila: Pluma, grifo o manija de agua.

87 Tapón: Resistencia (Se refiere a la electricidad).

88 Puente:Conexión (Se refiere a la electricidad).

89 Hermanísimos: Se refiere a los hermanos Fidel y Raúl Castro.

90 Ponte pa' las cosas: Poner atención a algo.

91 Solar: Casa de vecindad.

92 Chusma. Chusmería: Persona vulgar. Vulgaridad.

93 Solariegos/as: Que vive en un solar. Que es una persona vulgar.

94 A todo meter: A todo volumen.

95 Escandalera: Gritería.

96 Zangaletón/a: Zángano/a. Hombre o mujer muy grande.

97 Cuadrar la caja: Arreglar o solucionar un problema.

98 Resolver: Sinónimo de conseguir algo.

99 Encopetá/ao: Elegante. Bien vestida/o.

100 Pernoctar: Pasar la noche.

101 Matraquillosa/o: Mujer u hombre majadero. Obsesiva/o.

102 ¡Chúpate esa!: ¡Oye eso! ¡Atiende eso!

103 Micro: Microbrigada. Programa llevado a cabo en los 70 por el gobierno comunista, donde los cubanos para obtener una vivienda hacían trabajos en la construcción, a expensas de que el Partido les otorgara o no un apartamento.

104 Vendía: En el argot popular: Abandonar, dejar.

105 No dispara ni un chícharo: Que no trabaja.

106 "Película del Sábado": Programa sabatino de la televisión cubana actual, dedicado a transmitir películas norteamericanas "pirateadas".

107 Guajiro/a: Campesino/a

108 "Luz Brillante": Marca de kerosén, producto que se usa en Cuba para abrillantar y desinfectar los pisos.

109 Escambray: Las montañas denominadas agrupadas bajo este nombre constituyen un accidente geográfico del relieve, localizadas al sur de la zona central del archipiélago cubano. Se extienden por las actuales provincias de Cienfuegos, Villa Clara y Santi Spiritus. Este macizo montañoso se conocía bajo el nombre de Grupo Guamuahaya, hasta que el régimen castrista comenzó a decirle Escambray para denigrar la insurgencia anticomunista en la región liderada por campesinos dueños de tierras, en las provincias centrales de la isla.

110 Tarambana: Fiestero, Mujeriego.

111 En caja: Mantenerse en forma. Entrenado.

112 Manejadora: Nodriza, nana.

113 Culeca: Clueca. Empollar. Madraza. Dícese de la mujer que cuida a sus hijos.

EDICIONES BAQUIANA

TÍTULOS PUBLICADOS:

I ANUARIO *Revista Literaria Baquiana*
I.S.B.N. 0-9701913-0-8 (1999-2000)

II ANUARIO *Revista Literaria Baquiana*
I.S.B.N. 0-9701913-2-4 (2000-2001)

III ANUARIO *Revista Literaria Baquiana*
I.S.B.N. 0-9701913-4-0 (2001-2002)

IV ANUARIO *Revista Literaria Baquiana*
I.S.B.N. 0-9701913-9-1 (2002-2003)

V ANUARIO *Revista Literaria Baquiana*
I.S.B.N. 0-9752716-2-8 (2003-2004)

VI ANUARIO *Revista Literaria Baquiana*
I.S.B.N. 0-9752716-6-0 (2004-2005)

VII ANUARIO *Revista Literaria Baquiana*
I.S.B.N. 0-9788448-0-7 (2005-2006)

VIII ANUARIO *Revista Literaria Baquiana*
I.S.B.N. 978-0-9788448-4-4 (2006-2007)

IX ANUARIO *Revista Literaria Baquiana*
I.S.B.N. 978-0-9788448-9-0 (2007-2008)

También están disponibles otros libros en las siguientes colecciones:
Caminos de la Poesía, Senderos de la Narrativa y Rumbos Terencianos (Teatro).

ALGUNOS TÍTULOS RECIENTES:

ESPAÑOL O ESPANGLISH ¿CUÁL ES EL FUTURO DE
NUESTRA LENGUA EN LOS ESTADOS UNIDOS?
Textos de: Odón Betanzos Palacios, Santiago Cabanas Ansorena, Olga Connor, Enrique Córdoba Rocha, Luis de la Paz, Pedro Blas González, Carmenza Jaramillo, Aida Levitan, Jorge Lomonaco, Humberto López Morales, Guillermo Lousteau Heguy, Elinet Medina, Orlando Rossardi, Rosa Sugrañes, Francisco Javier Usero Vílchez, Beatriz Varela y Gladys Zaldívar.
Prólogo y edición de Maricel Mayor Marsán
Colección *Senderos de la Narrativa* – ENSAYO
I.S.B.N. 978-0-9788448-6-8 (2008)

JOSÉ LEZAMA LIMA Y LA MITIFICACIÓN BARROCA
Textos de: Jesús Barquet, José Prats Sariol, César Salgado y Óscar Wong.
Prólogo y edición de Maricel Mayor Marsán.
Colección *Senderos de la Narrativa* – ENSAYO
I.S.B.N. 978-0-9788448-3-7 (2007)

A CORTO PLAZO (ANTOLOGÍA POÉTICA 2000 – 2007)
de Jorge Gustavo Portella
Colección *Caminos de la Poesía* – POESÍA
I.S.B.N. 978-0-9788448-5-13 (2007)

SOLEDAD PARA TRES Y UNA VACA de Rina Lastres
Colección *Senderos de la Narrativa* – RELATO
I.S.B.N. 0-9752716-9-5 (10) I.S.B.N. 978-0-9752716-9-8 (13) (2006)

**Impreso en los Estados Unidos de América
Octubre de 2008**